できる大人の漢字2500

日本語の"落とし穴"

話題の達人

青春出版社

はじめに

外国の人は「漢字、ムズカシイですね」と言うものですが、漢字は日本人にとっても相当厄介な存在。「初陣」を「ショジン」、「臍を嚙む」を「ヘソを嚙む」と読むような珍プレーが今日も日本のどこかで起きています。

漢字の読みが面倒になった第一の理由は、日本語では、同じ漢字を何通りにも読むことです。

じつは、漢字の本家、中国では現在、漢字の読み方はほぼ一通りしかありません。だから、意味がわからないことはあっても、読み方を間違えるのは、ごくマレなケース。その意味で、漢字の読みの面倒さは、中国人以上に、日本人にとって切実な問題といえるでしょう。

では、なぜ日本では、漢字の読み方が増えることになったのでしょうか？ そもそもの

理由は、古代の"国語政策"にありました。飛鳥・奈良時代の人々は、独自の文字を作ることなく、外国の文字（漢字）で日本語を表すことにしました。そのため、中国式の音読みのほかに、日本オリジナルの訓読みが必要になり、読み方が増えることになったのです。

中国式の音読みのほうも、時代を追って種類が増えることになりました。時代を変えて、大陸から、違う読み方が続々と入ってきたからです。まずは、5～6世紀頃、揚子江流域の発音（呉音）が、仏教とともに伝わってきました。その後、唐音や宋音も入ってきて、音読みだけでも何通りもの読み方が混在することになったのです。7世紀以降には、黄河流域の発音（漢音）が、遣唐使らによってもたらされました。

さらに、訓読みが発達するなか、湯桶読み、重箱読み、熟字訓など、日本オリジナルの読み方が発達、漢字の読み方はますます複雑化しました。

そうした読み方・書き方が増えたことは、むろん日本語の表現力を格段に高めました。

しかし、その一方、誤読しやすい漢字が激増することにもなったのです。

本書では、そうして日本人が営々と作り上げてきた難読漢字、特殊な読み方、面倒な読み方をする言葉をすべて網羅しました。その数、約2500。しっかりチェックしていただければ、あなたの辞書から"誤読"の二文字を消し去れるものと自負しています。

はじめに

なお、この本では、漢字を「読む力」だけでなく、「書く力」を身につけることもできます。本の上部を数センチほど隠していただければ、漢字が隠れて「読み方」が文頭にきます。その読み方を見て、漢字をイメージしたり、実際に書いてみると、書く力をトレーニングできるというわけです。加えて、短い行数ながら、漢字や熟語をめぐるウンチクを紹介した項もあります。そうした面白さを知ることもまた、「大人の漢字力」と思うからです。

本書で、正しく読む力、正しく書く力に加え、楽しく味わう力を含めた「できる大人」の漢字力を身につけていただければ、幸いに思います。

二〇一五年十一月

話題の達人倶楽部

日本語の"落とし穴"できる大人の漢字2500 ◉目次

第一部 使いこなしたい漢字編　9

第1章　その漢字、そのまま読むと間違えます ── 10

column 1　正しい読み方はどっち？　30

第2章　日本人なら読みこなしたい「和」の漢字です ── 33

第3章　たった一文字なのに簡単には読めない漢字です ── 55

column 2　「今年の漢字」をご記憶ですか？　62

第4章　誤読が目立つ初級の漢字を集めました ── 64

第二部 表現力がアップする漢字編　83

第5章　大人なら読めて当然、使えて当然の慣用句です ── 84

目次

column 3 「不」か「無」か、正しいのはどっち？ 98

第6章 日本語の格調を高める四字熟語です ── 99

column 4 どちらを書いてもいい漢字 114

第7章 故事成句とことわざはキチンと覚えることが重要です ── 115

第8章 思わぬところで恥をかく中級レベルの漢字です ── 130

column 5 見た目は似ているけれど、意味はまったく違う漢字 159

第9章 実はけっこう厄介なのが、形容詞と副詞です ── 162

第10章 手強い動詞をスラスラ読めてこそ一人前です ── 168

第三部 教養が試される漢字編 189

第11章 「人」と「人間関係」をめぐる絶対外せない漢字です ── 190

第12章 「食」と「身体」の言葉は難読漢字の宝庫です ── 219

7

第13章　日本の伝統と歴史にまつわる漢字です ────── 244

文脈で読み分けられますか？ 261

第14章　サラッと読めれば自慢できるハイレベルの漢字です ────── 264

「フ」「ブ」「ズ」をどう読み分ける？ 284

本文写真提供●shutterstock
ririe / shutterstock.com
Elina Li / shutterstock.com
DTP●フジマックオフィス

第一部
使いこなしたい漢字編

第1章 その漢字、そのまま読むと間違えます

日本語には、「特殊な読み方」をする言葉が多数含まれています。以下は、そうした言葉の代表例。会話や文章に頻出するのに、知っていなければ読めない漢字です。漢字の落とし穴にはまらずに、読みこなせますか？

1 特殊な読み方をする漢字　基本編①──日本語の落とし穴中の落とし穴

●まずは、見かけは簡単なのに、特殊な読み方をする漢字から

□遊説　〔ゆうぜい〕政治家などが、自分の意見を説いてまわること。「首相が全国遊説に出る」など。×「ゆうぜつ」。

□為替　〔かわせ〕証書を使って金銭を送付すること。「郵便為替」「為替相場」など。

10

第1章　その漢字、そのまま読むと間違えます

□ 参内

〔さんだい〕　皇居に参上すること。よく見かける言葉では、「参内」「境内」「内裏」の三つは「だい」と読み、残りはほぼすべて「ない」と読む。×「さんない」。

□ 発端

〔ほったん〕　物事のはじまり。「事の発端」など。現代の文章で見かける語では「発端」「発足」「発心」「発句」の四語は「ほっ」と読み、残りのほぼすべての言葉は「はつ」「はっ」と読む。

□ 健気

〔けなげ〕　力や立場の弱い者が懸命にふるまうさま。「健気な子供」「健気な心がけ」など。

□ 相殺

〔そうさい〕　損と得を足し引きすること。「借金と貸金を相殺する」など。頻出語で「殺」を特殊読みするのは、これと「減殺（げんさい）」と「殺生（せっしょう）」くらいで、残りはほぼすべて「サツ」と読む。

□ 方舟

〔はこぶね〕　四角い形をした舟。「ノアの方舟」を「箱舟」と書くのは間違いになる。

□ 会得

〔えとく〕　理解して身につけること。「極意を会得する」など。「え」と読むのは呉音で、「法会（ほうえ）」「会者定離（えしゃじょうり）」など、仏教に関係する言葉に多い読み方。

□ 月極

〔つきぎめ〕　ひと月ごとの額を決めた契約。×「げっきょく」。

□ 火傷

□ 玄人

□ 稲荷

□ 海女

□ 意気地

□ 日和

□ 御用達

【やけど】 皮膚が火や熱湯にふれ、焼けただれた傷。「やけど」は「焼けた処(ところ)」という意で、それに火傷という漢字を当てた。

【くろうと】 プロ。専門家。「玄人はだし」は、玄人がはだしで逃げ出すほど巧いと、素人をほめる慣用句。「玄」は赤みを帯びた黒を意味するが、頻出語で「クロ」と読むのは、この一語。残りはすべて「ゲン」と読む。

【いなり】 稲荷神社のこと。なお、油揚げで包んだ寿司を「稲荷寿司」と呼ぶのは、稲荷神社の眷属(けんぞく)であるキツネが油揚げを好むとされるところから。

【あま】 海にもぐって貝や魚をとる女。「海人」と書くと、男性も含む。「海女(あま)」は沖縄では「ウミンチュ」と読む。

【いくじ】 物事をやりとげる気力。「意気地がない」は、そういう気持ちがないこと。「いきじ」とも読む。

【ひより】 天候のこと。「いい日和ですね」など。「日和見主義」は、都合のいい方、形勢のいい方につこうとする態度。

【ごようたし】 宮中に納めることを認められた商人や品。「宮内庁御用達の品」など。「ごようたつ」とも読む。

第1章　その漢字、そのまま読むと間違えます

● 引き続き、見かけは簡単なのに、読みこなすのは厄介な漢字です。読んでください。

- □ 生粋　出身や素性が純粋であること。「生粋の江戸っ子」など。　［きっすい］
- □ 支度　用意、準備。「旅支度」「夕餉の支度」。　［したく］
- □ 解毒　毒を消すこと。無毒にすること。「解毒作用」など。　［げどく］
- □ 建立　寺院などを建てること。「神社を建立する」など。　［こんりゅう］
- □ 干支　子、丑、寅などの「えと」のこと。「かんし」とも読む。　［えと］
- □ 感応　心が動くこと。「反応」も「応」を「のう」と読む。　［かんのう］
- □ 芝生　芝の生えている場所。「隣の芝生」など。　［しばふ］
- □ 産湯　赤ん坊を初めて入浴させること。「産湯を使う」など。　［うぶゆ］
- □ 分限者　相当の資産を持つ人。　［ぶげんしゃ］
- □ 直火　火に直接当てること。「直火焼き」など。　［じかび］
- □ 今昔　今と昔。「今昔物語」「今昔の感に堪えない」など。　［こんじゃく］
- □ 成就　成しとげること。「大願を成就する」など。　［じょうじゅ］
- □ 流罪　罪人を離島や辺境に流す刑罰。「遠島に流罪に処す」など。　［るざい］
- □ 今際　死ぬ間際。「今際のきわ」など。　［いまわ］

13

2 特殊な読み方をする漢字 基本編② ── 意外に読み間違える落とし穴

●そのまま読んではいけない漢字はまだまだあります。

□ 居候 〔いそうろう〕 人の家に住みつき、衣食住の世話をしてもらっている者。「居候、四角い部屋を丸くはき」など。

□ 奥義 〔おうぎ〕 学問や武芸などの最も大切な事柄。「奥義を極める」「奥義を伝授される」など。×「おくぎ」。

□ 神々しい 〔こうごうしい〕 たいへん厳かなさま。「神々しい光のなか」など。「かみがみし」という古語に由来するが、いま「かみがみしい」と読むのはNG。

□ 塩梅 〔あんばい〕 味かげんのこと。もとは塩と梅酢で味を調（ととの）えること。意味に似ているところがあるものの、文脈に応じて適切に使い分けたい。「按排」はほどよく処理すること。

□ 全幅 〔ぜんぷく〕 ありったけの。「全幅の信頼を寄せる」など。

第1章　その漢字、そのまま読むと間違えます

- 雑炊　〔ぞうすい〕鍋に残った汁に、ご飯や野菜類を入れて煮たもの。もとは「増水」と書いた。

- 土産　〔みやげ〕旅先で買う贈り物。「みやげ」という古来の日本の言葉に、「土地の産物」という漢字を当てたもの。

- 小豆　〔あずき〕餡などの材料になる豆。「あずき」という豆の名前に、形態から「小豆」という漢字を当てたもの。なお『二十四の瞳』の舞台として有名な香川県の「小豆島」は「しょうどしま」と読む。

- 灰汁　〔あく〕料理では、肉や野菜のえぐみ。染物では、灰を水に溶かしたときの上澄み液。「灰汁が強い」は、ネガティブな性格の表現。「悪が強い」と書かないように。

- 師走　〔しわす〕十二月の別称。俗に、師（先生）が走り回るほど、忙しい月ということに由来するといわれる。

- 四方山話　〔よもやまばなし〕いろいろな話。世間話。雑談。「四方山話に花が咲く」など。

- 好悪　〔こうお〕好むことと憎むこと。好き嫌い。「好悪が分かれる」といえば、好きな人も多いが、嫌いな人も多いという意。「お」と読む代表例は、他に「嫌悪（けんお）」「悪心」（「あくしん」とも読む）。

- □ 詩歌　（しいか）俳句や短歌、詩の総称。「しか」とも読むが、「しいか」が一般的。
- □ 小路　（こうじ）町の中の狭い通りのこと。「小路」が音変化した語で、京都の「花見小路」など、通りの名に残る言葉。反対語は「大路」。
- □ 納戸　（なんど）物を収納するための部屋。「納」を「ノウ」ではなく、特殊読みするのは、他に「納豆」、「納所」（寺の雑務を行う場所）、「大納言」など。
- □ 所作　（しょさ）振る舞い。「美しい所作」など。「動作」「作動」「作務衣」など、「作」を「さ」と読む語は少なくない。
- □ 夏至　（げし）（北半球では）昼が最も長く、夜が最も短い日。二十四節気の一つで、例年六月二十一日頃。反対は「冬至」。
- □ 一途　（いちず）一つのことに、ひたむきに打ち込むこと。「一途に思いを寄せる」「仕事一途」など。
- □ 行方　（ゆくえ）物事が向かう方向。今後の成り行き。「行方が知れない」「行方をくらませる」「日本外交の行方」など。
- □ 息吹　（いぶき）呼吸すること。比喩的にもよく使われ、「時代の息吹を感じさせる作品」「春の息吹」など。

第1章　その漢字、そのまま読むと間違えます

● 漢字そのものは簡単ですが、読み方も簡単とは限りません。

□ **風体**　身なりのこと。「見慣れぬ風体」など。〔ふうてい〕

□ **異形**　ふつうとは違った姿形。「異形の者」など。〔いぎょう〕

□ **緑青**　銅の表面にでる青緑色の錆。〔ろくしょう〕

□ **火影**　暗闇に浮かぶ火の光。「火影が揺れる」など。〔ほかげ〕

□ **直向き**　ものごとに熱中するさま。「直向きに取り組む」など。〔ひたむき〕

□ **言伝**　伝言のこと。「言伝を頼まれる」など。〔ことづて〕

□ **礼賛**　ほめたたえること。「神を礼賛する」。×「れいさん」。〔らいさん〕

□ **久遠**　ひじょうに遠いさま。「久遠の理想」など。〔くおん〕

□ **猛者**　勇ましくて強い人のこと。「柔道の猛者」など。〔もさ〕

□ **田舎**　都会からはなれた土地。郷里を指すことも。〔いなか〕

□ **風情**　しみじみとした趣。「風情がある」など。〔ふぜい〕

□ **温気**　蒸し暑い空気。「温気が立ち上(のぼ)る」。〔うんき〕

□ **必定**　そうなると決まっていること。「敗戦は必定だ」など。〔ひつじょう〕

□ **言質**　あとで証拠となる言葉。「言質を取る」など。〔げんち〕

□ **長閑**　のんびりとしている様子。「長閑な田園風景」など。〔のどか〕

17

3 特殊な読み方をする漢字　中級編①——自信を持って読めますか？

●覚えていなければ、読めない漢字ばかりです。

□ 入唐

〔にっとう〕　唐の国に行くこと。遣唐使関係など、歴史書でよく出てくる言葉。×「にゅうとう」。「入」を「ニュウ」ではなく、特殊読みするのは、ほかに「入内（じゅだい）」「入水（じゅすい）」が代表例。

□ 外連

〔けれん〕　はったり、ごまかし。もとは演劇の演出用語。「外連味がない」は、ごまかしや見せかけの派手さなどがないこと。

□ 延縄

〔はえなわ〕　太い縄に釣り針のついた複数の糸をつけ、一度に多くの魚をとる漁具。「延縄漁業」など。

□ 卓袱

〔しっぽく〕　長崎名物の卓袱料理。卓袱はもとは円卓のことで、円卓を囲み、大皿に盛って食べる中国料理が、長崎で日本風に変化した料理。

第1章　その漢字、そのまま読むと間違えます

- □ 定法
- □ 富貴
- □ 形振り
- □ 雲丹
- □ 心太
- □ 追従
- □ 好事家

〔じょうほう〕そうするものと決まっている方法やしきたり。「天下の定法」など。「じょう」と読むのは呉音で、定石、定跡、定宿、定規、評定など、多数あり。「てい」（漢音）との読み分けに要注意の漢字。

〔ふうき〕財産があり、地位や身分が高いこと。「富貴に恵まれる」「富貴な家に生まれる」など。

〔なりふり〕見た目や態度。身なり（形）とそぶり（振り）のこと。「形振りかまわず」「形振りにかまっていられない」など。

〔うに〕トゲのある海の生き物。身が「雲」のような形をしていて「丹色（にいろ）」（赤）であることから、こう書く。「雲丹の軍艦巻き」など。

〔ところてん〕テングサからつくる食べ物。テングサの異称「心太（こころぶと）」が変化を重ねて、このように読むことに。

〔ついしょう〕人に気にいられるよう、媚びへつらうこと。「追従笑い」「お追従を言う」など。なお「ついじゅう」と読むと、無批判に従うという意味。こちらは「権力に追従する」など。

〔こうずか〕風流を好む人。物好きな人。深い知識をもつが、あくまで趣味として楽しむ人。×「こうじか」。

- □ 一入

　〖ひとしお〗　いっそう。もとは、染物を液に一回浸すという意味。「喜びも一入」など。

- □ 可惜

　〖あたら〗　「もったいないことに」という意。「可惜、若い命を散らす」など。

- □ 云々する

　〖うんぬん〗　一言では言い切れないことや、文章を省略するときに使う。「結果を云々する」など。

- □ 生蕎麦

　〖きそば〗　そば粉だけで作ったそば。いまは、つなぎ入りのそばでも「生そば」の看板を掲げている店が多い。×「なまそば」。

- □ 外道

　〖げどう〗　道に外れた者を罵る言葉。本来は、仏教以外の教えを信じる者のこと。ほかに外科、外記が「ゲ」と読む代表例。

- □ 十八番

　〖おはこ〗　得意なこと。歌舞伎の市川家が得意とする芝居が十八あり、その台本を「御箱」にしまっていたことから。「じゅうはちばん」と読んでも同じ意味。

- □ 欠伸

　〖あくび〗　眠いときなどに大きく吐き出す息。「欠伸が出る」は眠くなるほど、退屈なさま。「欠伸が出るような退屈な話」など。

- □ 生一本

　〖きいっぽん〗　まじりけがなく、純粋なこと。「灘の生一本」「生一本な性分」など。

第1章　その漢字、そのまま読むと間違えます

● 一見読めそう、だからこそ手強いといえます。

□ 白湯　何も入れないお湯。〔さゆ〕

□ 学舎　学校のこと。「懐かしい学舎」。「がくしゃ」とも読む。〔まなびや〕

□ 乙女　年若い娘。「乙女の祈り」。〔おとめ〕

□ 細石　細かく小さな石のこと。「君が代」にも登場する。〔さざれいし〕

□ 似非　似てはいるけれど、本物ではないこと。「似而非」とも書く。〔えせ〕

□ 素面　酒を飲んでいない状態。「素面では言えない話」など。〔しらふ〕

□ 反吐　食べたものをもどすこと。「反吐が出る」など。〔へど〕

□ 野点　野外で茶をたてること。×「のてん」。〔のだて〕

□ 直筆　本人が直接書いたもの。「文豪の直筆原稿」など。〔じきひつ〕

□ 落度　あやまちや失敗。「越度」とも書く。〔おちど〕

□ 知音　友人、知り合いのこと。〔ちいん〕

□ 怖気　怖がる心のこと。「怖気づく」「怖気をふるう」など。〔おじけ〕

□ 病葉　病気や害虫のために変色した葉。〔わくらば〕

□ 山車　祭事用の車。京都や博多の祇園祭りで有名。〔だし〕

□ 明星　金星の別名。〔みょうじょう〕

21

4 特殊な読み方をする漢字 中級編② ──他人に聞かれても大丈夫ですか？

●特殊な読み方をする漢字の中級編です。読んでください。

□ 黙示録 〔もくしろく〕『新約聖書』の巻末の一書。「ヨハネの黙示録」など。「示」を「じ」と濁って読まないことに注意。

□ 吹聴 〔ふいちょう〕広く言いふらすこと。「世間に吹聴する」など。

□ 杜撰 〔ずさん〕いい加減なこと。漢詩の選者だった杜黙が、適当に撰んだという故事から。

□ 乳離れ 〔ちばなれ〕親を離れて一人前になること。「ようやく乳離れする」など。「ちちばなれ」とも読む。「乳飲み子」「乳兄弟」の「乳」も「ち」と読む。

□ 雑駁 〔ざっぱく〕雑然として、統一感がないこと。「雑駁な感想」「雑駁な知識」など。

□ 流石 〔さすが〕思ったとおりにすばらしいという意味。

22

第1章　その漢字、そのまま読むと間違えます

□ **殊更**　〔ことさら〕必要以上に特別に。「更に異（殊）なる」という意味で、「殊更に文句を言う」など。

□ **譫言**　〔うわごと〕高熱を出したときなどに、無意識に口走る言葉。なお「譫」一字の訓読みは「たわごと」。

□ **雪崩**　〔なだれ〕雪が斜面を激しくすべり落ちること。「なだる」という古語の動詞から生まれた語。「雪崩を打つ」「表層雪崩」など。

□ **店晒し**　〔たなざらし〕商品が売れず、いつまでも店先にさらされていること。「おれを店晒しにする気か」など、比喩的にも使う。

□ **坩堝**　〔るつぼ〕金属を高温で溶かす容器。比喩的に興奮した様態のこと。「民族の坩堝」「興奮の坩堝」などと使う。

□ **大和撫子**　〔やまとなでしこ〕日本的な女性をほめる言葉。楚々と咲くナデシコにたとえた語。女子サッカーの「なでしこジャパン」も、この語から。

□ **剣突**　〔けんつく〕とげとげしく邪険にすること。「剣突を食らわせる」は、荒々しく拒否すること。

□ **贔屓**　〔ひいき〕気に入った人をとりわけ応援すること。「贔屓にする」「贔屓の店」「依怙（えこ）贔屓」「ご贔屓」など。

□ 悪戯 〔いたずら〕 悪ふざけのこと。「子供の悪戯に手を焼く」「天使の悪戯」「悪戯が過ぎる」など。

□ 気障 〔きざ〕 嫌味があるという意味。「気障な態度」など。神経にさわるという意味の「気障り」を略した語。

□ 下衆 〔げす〕 身分の低い者。今は人を侮辱する言葉として使われている。「この下衆野郎」など。「下司」「下種」とも書く。

□ 洒落臭い 〔しゃらくさい〕 きいたふうで生意気という意。

□ 億劫 〔おっくう〕 面倒で気がすすまないさま。もとは仏教用語で永遠という意味。

□ 虚空 〔こくう〕 何もない空中。「虚空を摑む」は、苦しんで空中を握りしめるさま。「コ」と読むのは呉音で、頻出語で「コ」と読むのは、「虚空」「虚無僧」「虚空蔵菩薩」の三つくらい。残りは「キョ」と読む。

□ 福音 〔ふくいん〕 よい知らせ。キリスト教の教えで使われる言葉。なお、「エヴァンゲリオン」は「福音」という意味。

□ 安穏 〔あんのん〕 ゆったりして、おだやかなさま。×あんおん。熟語では、前の漢字の読みが「ん」（N）で終わり、次の漢字の読みが「お」（O）で始まると き、読み方がナ行の「ノ」に変化することが多い→「感応」、「反応」など。

第1章　その漢字、そのまま読むと間違えます

● 引き続き、特殊な読み方をする漢字です。読んでください。

□ **自惚れ**　自分に過ぎた自信を持つこと。「自惚れが強い」など。　〔うぬぼれ〕

□ **柔和**　やさしく、おとなしい。「柔和な表情」など。　〔にゅうわ〕

□ **濁声**　濁った声。割れた声。「濁声の呼び込み」など。　〔だみごえ〕

□ **華奢**　ほっそりとして、美しいさま。「華奢な体つき」など。　〔きゃしゃ〕

□ **好々爺**　やさしくて人のよい老人。　〔こうこうや〕

□ **悪阻**　妊婦がもよおす吐き気などの症状。　〔つわり〕

□ **誰何する**　名を問いただすこと。「警官に誰何される」など。　〔すいかする〕

□ **出穂**　稲から穂が出ること。　〔しゅっすい〕

□ **柔弱**　体や精神が弱々しいこと。「柔弱な体」など。　〔にゅうじゃく〕

□ **所謂**　世間でよくいわれるように。「所謂、天才」など。　〔いわゆる〕

□ **渾名**　ニックネーム。本名とは別につけられた名。　〔あだな〕

□ **黙然**　口をつぐんでいる様子。「黙然としている」など。　〔もくねん〕

□ **熱り立つ**　怒って興奮すること。　〔いきりたつ〕

□ **項垂れる**　気が沈んでうつむくこと。項(うなじ)を垂れることから。　〔うなだれる〕

□ **苛苛**　思うようにいかず、腹がたつさま。　〔いらいら〕

5 漢字の読み方には「パターン」がある①

●漢字には、一字の場合は「ハヒフヘホ」で読むのに、熟語になると、パピプペポやバビブベボと読む言葉がたくさん含まれています。以下はパピプペポで読まなければ間違いになる漢字です。

□ 逼迫　〔ひっぱく〕余裕がなく、差し迫っている状態。「家計が逼迫する」など。「迫る」も「逼る」も「せまる」と読む。前の漢字が「ッ」で終わり、次の漢字が「ハ」で始まるとき、「パ」音になることが多い→「圧迫」「潔白」など。

□ 信憑性　〔しんぴょうせい〕信用できる程度。「憑む」は「たのむ」と読み、頼りになるという意味。

□ 素寒貧　〔すかんぴん〕貧乏なこと。「素寒貧になる」など。こう書くのは当て字。

□ 天賦　〔てんぷ〕生まれつき、天から授かったもの。「天賦の才能」など。

第1章　その漢字、そのまま読むと間違えます

- □ 村夫子
  〔そんぷうし〕「夫子」は師匠のことで、「村夫子」は本来は村の先生という意。ただし、いまでは田舎っぽさや、見識の狭さを皮肉る語としても使われる。

- □ 噴飯物
  〔ふんぱんもの〕米粒を噴き出すほど、ばかばかしいという意。「噴飯物の言い訳」など。

- □ 金平
  〔きんぴら〕キンピラゴボウのこと。怪力で有名な物語の主人公、坂田金平の名から。

- □ 権柄尽く
  〔けんぺいずく〕権力をかさに着る様子。「権柄尽くな態度」など。

- □ 眼福
  〔がんぷく〕眼の幸福、つまり目の保養という意。「眼福にあずかる」など。

- □ 喝破
  〔かっぱ〕人の誤りを正し、真実を告げること。「本質を喝破する」など。「喝」は「しかる」と読む。これも、「ツ」＋「ハ」で「パ」と読むパターンのひとつ。

- □ 太っ腹
  〔ふとっぱら〕度量が大きいこと。「太っ腹な話」など。

- □ 気風
  〔きっぷ〕気前がいいこと。「気風がいい女将（おかみ）」など。

- □ 腕白
  〔わんぱく〕悪さをする子ども。当て字なので、腕が白いという意味はない。

6 漢字の読み方には「パターン」がある②

●そのまま読んではいけない漢字はまだまだあります。

□ 野辺　〔のべ〕野原。人を葬る場。「野辺の送り」は死者を弔うという意味。「水辺」「川辺」「海辺」も「辺」を「べ」と読む。

□ 音頭　〔おんど〕民族舞踊の一種。「音頭を取る」は、多人数で物事を進めるとき、人の先頭に立ち、リードすること。

□ 端境期　〔はざかいき〕米や野菜などの収穫が終わり、一時的に商品が品薄になる時期。

□ 強引　〔ごういん〕無理強いすること。「強引なセールス」など。「強盗」「強情」など、悪い意味の熟語では、「強」を「ごう」と読むことが多い。

□ 一見さん　〔いちげん〕初めての客。お茶屋や高級料亭には、紹介のない一見さんはお断りという店がある。

□ 博打　〔ばくち〕金や物を賭けて勝負を争うこと。

□ **安普請**〔やすぶしん〕すぐに壊れてしまいそうな安手の建物。単に「普請」は「ふしん」と読み、もとは仏教用語で、寺を建立するという意。

□ **安堵**〔あんど〕安心すること。「堵」は「かき」と訓読みし、安心であることから。

□ **二枚舌**〔にまいじた〕人をだますため、二通りの言葉を使い分けること。「二枚舌を使う」「二枚舌外交」など。

□ **高飛車**〔たかびしゃ〕高圧的に出るさま。もとは将棋用語で、飛車を中段に置き、攻撃的に構える戦法のこと。

□ **極寒**〔ごっかん〕ひじょうに寒いこと。「極寒の地」など。反対語は「極暑(ごくしょ)」。

□ **総花的**〔そうばなてき〕誰にも都合よく接すること。「総花的な報告書」など。

□ **興醒め**〔きょうざめ〕おもしろみがないという意。

□ **勘当**〔かんどう〕親子や師弟の縁を切ること。「親に勘当される」など。

□ **平生**〔へいぜい〕ふだん。「平生の生活」など。

□ **凡例**〔はんれい〕辞書などの最初のページに、使い方を記した箇条書きのこと。なお、よく使う熟語のうち、「凡」を「はん」と読むのはこの語だけ。

column 1 正しい読み方はどっち?

● どちらの読み方が正しいでしょう？

世論——「せろん」or「よろん」？

明治・大正時代は「輿論」と書いて「よろん」と読んだ。戦後、「輿」が当用漢字からはずれたため、「世論」と書くようになり、「せろん」と読む人が増えた。その後、再び「世論」を「よろん」と読むようになり、今ではテレビのアナウンサーも「よろん」と読むようになっている。

お手数——「おてかず」or「おてすう」？

戦前までは「てかず」と読み、「お手数をおかけしました」と礼を述べたもの。戦後、「おてすうをおかけしました」と言う人が増え、現在では「おてすう」が優勢。

早急——「さっきゅう」or「そうきゅう」？

本来は「さっきゅう」。ところが、近年の調査によると、「そうきゅう」と読む人が七割近くにのぼり、慣用読みとして定着したといえる情勢。

column1　正しい読み方はどっち？

大地震——「だいじしん」or「おおじしん」？
NHKなどテレビ局のアナウンサーは「おおじしん」と読んでいる。ただし、「だいじしん」と読んでも間違いとはいえない。

開眼——「かいげん」or「かいがん」？
「かいげん」が正しい。「開眼」はもとは仏教用語で、仏道の真理を悟ること。そこから、芸道などで、神髄を知り、一段と高い域に達することを意味するようになった。

停留所——「ていりゅうしょ」or「ていりゅうじょ」？
「停留所」の「所」は、関西では「しょ」、東京では「じょ」と読むのが一般的。どちらが正しく、どちらが間違いというわけでもない。ただし、「事務所」「区役所」「裁判所」「刑務所」などは「しょ」と読み、「出張所」「紹介所」「試験所」などは「じょ」と読むのが一般的。

前半——「ぜんはん」or「ぜんぱん」？
昔から、「前半」は「ぜんはん」とも「ぜんぱん」とも読んだが、現在、テレビ局のアナウンサーは「ぜんはん」と読んでいる。「後半」を「こうはん」と読むことに合わせているとみられる。

二人組——「ふたりぐみ」or「ににんぐみ」？

これは、どちらでもOK。もとは「ににんぐみ」が一般的だったが、戦後「ふたりぐみ」という言い方が広まった。なお、テレビ局は今も「ににんぐみ」を正式な読み方としている。

博士——「はかせ」or「はくし」？

これも、どちらでもいいのだが、大学の「学位規則」に基づく正式な称号名としては「はくし」と読む。一般的には、「博士課程」を「はかせ課程」と読んでいるが、大学での正式な呼び方は「はくし課程」。

宝物殿——「ほうぶつでん」or「ほうもつでん」？

「ほうもつでん」が正しい。「供物（くもつ）」や「献物（けんもつ）」など、神社や寺院にかかわるものは「物」を「もつ」と読み、「宝物」、「宝物殿」は「ほうもつでん」と読むことになる。

情緒——「ジョウチョ」or「ジョウショ」？

今では「じょうちょ」と読むことが多くなっているが、かつては「じょうしょ」と読んだ。年配の人には、今も「じょうしょ」と読む人が比較的多い。

第2章　日本人なら読みこなしたい「和」の漢字です

昔の人は、日本生まれの言葉も、漢字で表してきました。たとえば、「疾風」。「はやて」という大和言葉に、「疾風」という漢字を当てたので、漢字本来の発音からすると、かけ離れた読み方をすることになりました。

こうした熟語の作り方、読み方を「熟字訓(じゅくじくん)」と呼びます。この項で扱う「大和言葉」は、まさしく熟字訓の宝庫。一筋縄では読めない言葉ぞろいなので、しっかりチェックしてください。

1 できる大人なら読みこなしたい大和言葉 ──現代人にとっての最大の強敵

●まずは風流な大和言葉から。スラスラ読みたい漢字ばかりです。

□ 暮れ泥む

〔くれなずむ〕日が暮れそうなのに、なかなか暮れずにいるようす。「泥む」は、滞って進まない様子の形容。

□ 空蝉　〔うつせみ〕蝉の脱け殻。そこから、儚(はかな)いこの世のたとえに用いられる。『源氏物語』の巻名の一つでもある。

□ 相半ばする　〔あいなかば〕二つのものが同じくらいのさま。「賛否相半ばする問題」など。

□ 泡沫の恋　〔うたかたのこい〕水に浮かぶ泡のように、はかなく消えやすい恋。「泡」「沫」ともに「あわ」という訓読みがある。「泡沫候補(ほうまつ)」というときは、音読みする。

□ 築山　〔つきやま〕庭園に土砂などを小高く築き、山に見立てたもの。×「ちくやま」。

□ 澪標　〔みおつくし〕河川や港の水路を示すために、立てられた杭。『源氏物語』の巻名のひとつ。かつての朝の連続ドラマのタイトルでもある。

□ 河岸　〔かし〕東京の築地市場のような魚河岸（鮮魚市場）のこと。「かわぎし」と読んで、川の岸辺を意味することもある。混同を避けるため、「かわぎし」と読ませたいときには「川岸」と書いたほうがいい。

□ 不知火　〔しらぬい〕夏の夜の海上を漂っては消える光。漁船の漁火の光が屈折して起きる現象。

□ 飛沫　〔しぶき〕水などの液体が飛び散ること。「波の飛沫」「飛沫がかかる」など。「ひまつ」とも読む→「飛沫血痕」など。

34

第2章　日本人なら読みこなしたい「和」の漢字です

- □ 黄昏
- □ 夕映え
- □ 木陰
- □ 麗らか
- □ 瀞
- □ 萌える
- □ 終夜
- □ 面映ゆい

【たそがれ】夕方のこと。比喩的に「(物事の)終わりかけ」という意味でも使う。「西洋の黄昏」「近代の黄昏」など。

【ゆうばえ】夕日に照らされて、物が美しく見えるさま。「夕映えに染まる」「夕映えに包まれる」など。

【こかげ】木の陰。「木立」「木霊」「木漏れ日」など、大和言葉には「木」を「こ」と読む言葉が多い。

【うららか】空が穏やかに晴れ渡っているさま。春の日の形容によく使う。「麗らかな春の日差し」など。

【とろ】川の水が深くて流れがゆるやかなところ。「瀞八丁」など。一方、流れが早いところは「瀬」。

【もえる】草木が芽生えてくる。「若葉が萌える」など。「萌む」と書くと「めぐむ」と読む。

【よもすがら】夜通し。一晩中。「しゅうや」とも読む。「終日」(一日の意)は「ひねもす」「ひもすがら」、あるいは「しゅうじつ」と読む。

【おもはゆい】照れくさくて、きまりが悪い。「人前でほめられると、どうにも面映ゆい」など。

35

●読みこなしたい和風の言葉はまだまだあります。

- □ 朝未き　朝が未だ明けないころ。早朝。　〔あさまだき〕
- □ 海原　ひろい海。「大海原をゆうゆうと泳ぐ」など。　〔うなばら〕
- □ 東雲　明け方の東の空。　〔しののめ〕
- □ 寄生木　他の木に寄生して生長する木。　〔やどりぎ〕
- □ 浜木綿　海辺に咲く白い花。×「はまもめん」。　〔はまゆう〕
- □ 朽葉　腐った落ち葉。「朽葉のように朽ち果てる」など。　〔くちば〕
- □ 船縁　文字どおり、船のへり。　〔ふなべり〕
- □ 真砂　細かく小さな砂。「浜の真砂は尽きるとも」など。　〔まさご〕
- □ 滴る　水が雫になって落ちること。「水も滴るいい男」など。　〔したたる〕
- □ 星屑　たくさんの星。スターダストのこと。　〔ほしくず〕
- □ 畦道　田んぼのあいだの細い道。　〔あぜみち〕
- □ 囀る　鳥が鳴きつづける。　〔さえずる〕
- □ 田圃　水田。「圃」には、菜園や畑という意味がある。「でんぽ」とも読む。　〔たんぼ〕
- □ 蠢く　もぞもぞ動くこと。「虫が蠢く」「夜に蠢く」など。　〔うごめく〕
- □ 枝垂れ桜　枝が細く、垂れ下がって咲く桜。　〔しだれざくら〕

2 大和言葉を使って上品にほめてみよう

● 大和言葉で人をほめることができますか？　読んでください。

□ 恭しい　〔うやうやしい〕　礼儀正しく、丁寧である。「恭しく接する」など。

□ 淑やか　〔しとやか〕　上品で落ち着いている様子。「淑女」の「淑」。

□ 小気味よい　〔こきみよい〕　鮮やかで気持ちいい。「小気味よいふるまい」など。

□ 瑞々しい　〔みずみずしい〕　新鮮で生き生きとしている。

□ 凛々しい　〔りりしい〕　態度や表情がひきしまっている。「凛々しい表情」「凛々しい若武者」など。

□ 栄えある　〔はえある〕　名誉がある。「栄えある優勝トロフィー」など。「栄えある」を「さかえある」と誤読しないように。

□ 天つ少女　〔あまつおとめ〕　天女。「天つ少女のように美しい」など。

- □ 清々しい　〔すがすがしい〕さわやかで気持ちがいいこと。「清々しい朝の空気」「清々しい汗」など。なお「清々する」は「せいせいする」と読む。

- □ 賑々しい　〔にぎにぎしい〕人出などが多く、にぎやかである。「賑々しく出迎える」「賑々しく開幕する」など。

- □ 初々しい　〔ういういしい〕世間ずれしてなく、新鮮なさま。「初産」も、「初」を「うい」と読む。

- □ 気色立つ　〔けしきだつ〕気持ちを顔や態度に表すこと。なお、「気色ばむ」は、怒りを表すさま。「気色悪い」は「きしょく」と読む。

- □ 一角　〔ひとかど〕ひときわ優れているという意。「一角の人物」など。

- □ 弛みない　〔たゆみない〕途絶えることがない。「弛みなく努力する」など。

- □ 類無い　〔たぐいない〕比べるものがないほど、すばらしい。「類無い成功」など。

- □ 柳腰　〔やなぎごし〕柳のようにほっそりとした腰つき。

- □ 鯔背　〔いなせ〕粋な様子。「鯔」は魚のボラで、江戸時代、気風のいい若者たちの間で、鯔の背びれに似た形の髷がはやったことから。

- □ 然りげ無い　〔さりげない〕何事もないように振る舞うさま。

● 「いろいろな様子」を表す大和言葉です──読めますか？

□ 予め　前もってという意。「予め準備する」など。　[あらかじめ]

□ 偶さか　偶然に。「偶」は「たまたま」、「時偶」は「ときたま」と読む。　[たまさか]

□ 夙に　早くから。「夙に有名」など。　[つとに]

□ 徐に　ゆっくり落ち着いて。「おもむろに歩き出す」など。　[おもむろに]

□ 頓に　ひどく。「近頃、頓に体力が落ちた」など。　[とみに]

□ 偏に　ひたすらに。「偏に皆様のお陰です」など。　[ひとえに]

□ 遍く　ひろくゆきわたって。「遍く知られている」など。　[あまねく]

□ 悉く　すべて。「予想が悉くはずれる」など。　[ことごとく]

□ 殊の外　予想に反し、格別に。「殊の外、喜ぶ」など。　[ことのほか]

□ 苟も　かりにも。「苟も男子たる者」など。　[いやしくも]

□ 千々に　さまざまに。「千々に乱れる」など。　[ちぢに]

□ 篤と　じっくり。「篤と拝見する」「篤とご覧ください」など。　[とくと]

□ 終ぞ　いまだかつて。「終ぞ聞かない」など打ち消し語を伴って使う。　[ついぞ]

□ 予て　かなり前から。「〜から」の意を含むので「予てから」は重複表現。　[かねて]

③ 日本人なら雅びに読みこなしたい和風の漢字①

●読めますか？　なんのことでしょう？

□ 清水焼

□ 常滑焼

□ 般若

□ 母屋

□ 枝折戸

□ 細雪

□ 十六夜

〔きよみずやき〕　京都の清水・五条坂あたりで産出された京焼。×「しみずやき」。

〔とこなめやき〕　愛知県の常滑付近で産出される陶磁器。

〔はんにゃ〕　恐ろしい顔つきをした鬼女。「般若の面」「般若のような顔」など。

〔おもや〕　家の建物の中心となる部分。「廂（ひさし）を貸して母屋をとられる」など。

〔しおりど〕　木や竹の枝を編んで作った簡素な戸。いまも、和風庭園の入り口などで見かける。

〔ささめゆき〕　細かく降る雪。谷崎潤一郎の小説の題名にも使われている。

〔いざよい〕　陰暦の「十六日」の夜。

- □ 弥生　〔やよい〕陰暦の三月。現在の暦では四月頃。

- □ 神無月　〔かんなづき〕陰暦の十月。この月には、八百万(やおよろず)の神々が出雲大社に集まり、他の国は神がいなくなると考えられていたところから。

- □ 霜月　〔しもつき〕陰暦の十一月。現在の暦でいえば、十二月頃。

- □ 酉の市　〔とりのいち〕十一月の「酉」の日、鷲(おおとり)神社で行われる祭り。

- □ 初音　〔はつね〕ウグイスやホトトギスなどが、その年に初めて鳴く声。「鶯の初音を聞く」など。

- □ 一年　〔ひととせ〕一年間。むろん「いちねん」とも読む。「思えば、あれから一年過ぎた」など。

- □ 殿方　〔とのがた〕女性が男性を丁重に言うときの敬称。温泉旅館の大浴場の前には、こう記した暖簾がかかっているもの。

- □ 御捻り　〔おひねり〕お金やお米を紙につつんで捻ったもの。神仏に供えたり、ご祝儀として芸人に渡したりする。

- □ 古強者　〔ふるつわもの〕多くの実戦経験を積んだ老練の武士。そこから、戦いに限らず、経験を積んで事情に通じている人を指すようになった。

- □ 熨斗
- □ 上棟式
- □ 綯い交ぜ
- □ 更衣
- □ 方忌
- □ 潜り戸
- □ 四阿
- □ 篆刻

〔のし〕 進物に添える縁起物。昔は、鮑の肉を薄くはぎ、「熨した」（引きのばした）ものを指した。

〔じょうとうしき〕 家を建築中、棟木をあげる際、完成まで災いがおこらないように祈る儀式。「棟上式」ともいう。

〔ないまぜ〕 いろいろなものを混ぜ合わせること。色の違う糸などを合わせて一本の紐にすること。「綯う」は、縄をなうなどの「なう」と読む。

〔ころもがえ〕 「こうい」とも読む。季節の変化に応じて衣服をかえる「衣更え」のこと。

〔かたいみ〕 悪いことが起こる方角を忌み、避けること。陰陽道の言葉。

〔くぐりど〕 出入りするときに、頭を下げ、くぐるようにして通る小さな出入口。

〔あずまや〕 屋根だけあって壁がない小屋。公園で休憩所になっているような、小さな建物のこと。「東屋」とも書く。

〔てんこく〕 木や石などに印を彫ること。「篆書」といえば、漢字の書体の一つで、篆刻には篆書をよく使う。

4 日本人なら雅びに読みこなしたい和風の漢字 ②

●読めますか? なんのことでしょう?

□ 破風

□ 鹿威し

□ 十二単

□ 旋頭歌

□ 潮騒

〔はふ〕 日本建築で、屋根につけられる山の形をした装飾板。「唐破風(からはふ)」など。

〔ししおどし〕 竹に流水がたまると「カーン!」と鳴る仕掛け。昔は、作物を荒らす獣や鳥を脅す道具だったが、いまは風流な庭園装置。×「しかおどし」。

〔じゅうにひとえ〕 平安時代の女官や女房の装束。単衣の上に重袿(かさねうちぎ)を何枚も重ねて着たことから。

〔せどうか〕 和歌の一種。「五・七・七、五・七・七」からなり、短歌(三十一文字)よりも、七文字多い。万葉集などに収録されている。

〔しおさい〕 波の音。三島由紀夫の小説のタイトルでもある。

- □ 校倉造り　〔あぜくらづくり〕　正倉院、東大寺、東寺などに残る建築様式。角材を横に組んで壁を造る。

- □ 常磐津　〔ときわず〕　浄瑠璃節の一派。常盤津文字太夫〔もじだゆう〕が創始したところから、この名に。

- □ 土師器　〔はじき〕　古墳時代以後の素焼きの土器。

- □ 丹塗り　〔にぬり〕　赤く塗ったもの。「丹」には赤色の土という意味がある。「丹塗りの柱」など。

- □ 長押　〔なげし〕　日本建築で、壁の上に渡す横木。床の間の上部の装飾。

- □ 上がり框　〔あがりかまち〕　家の玄関などで、上がり口の床の手前に渡された横木。「あがりがまち」と濁っても読む。

- □ 伝馬船　〔てんません〕　甲板がない小型の木造船。はしけぶね。荷物などを運んだ。

- □ 勾玉　〔まがたま〕　古代の装身具の一つ。穴をあけ、紐を通して首にかけていたとみられる。

- □ 桟敷　〔さじき〕　芝居や祭り見物のため、一段高いところに設けられた席。「桟敷席」「天井桟敷」など。

●引き続き、和風の言葉です。読んでください。

□ 味酒　おいしい酒、上質の酒。「旨酒」とも書く。　〔うまさけ〕

□ 葛折り　道がくねくねと曲がっているさま。「九十九折」とも書く。　〔つづらおり〕

□ 臥し起き　日々の暮らし。「臥す」（寝る）ことと「起きる」ことから。　〔ふしおき〕

□ 芭蕉布　多年草のバショウの繊維で織った布。　〔ばしょうふ〕

□ 繻子　布の表面に光沢がある織物。　〔しゅす〕

□ 単　裏をつけない和服。夏から初秋にかけて着る。　〔ひとえ〕

□ 隈取り　歌舞伎役者が顔に入れる色模様。　〔くまどり〕

□ 入相の鐘　夕暮れにつく鐘。　〔いりあいのかね〕

□ 雪隠　便所のこと。もとは禅宗寺院の言葉。　〔せっちん〕

□ 外題　表題や題目、とくに芝居の題のこと。　〔げだい〕

□ 初陣　初めて戦いに出ること。「初陣を飾る」など。　〔ういじん〕

□ 端唄　三味線を伴奏にして唄う短い俗謡。これから「小唄」が生まれた。　〔はうた〕

□ 築地塀　上部に瓦を葺いた塀。塀の部分は泥などを固めてつくる。　〔ついじべい〕

□ 手水鉢　手や顔を洗うための水をためておく鉢。　〔ちょうずばち〕

□ 薙刀　反った刃に長い柄をつけた武器。「長刀」とも書く。　〔なぎなた〕

- □ 友禅　京都の画工、宮崎友禅が創始した「友禅染め」の略。〔ゆうぜん〕
- □ 雪洞　紙張りのおおいをつけた小形のロウソク立て。〔ぼんぼり〕
- □ 鼈甲　カメ類の甲羅。クシやメガネなどの素材として使われる。〔べっこう〕
- □ 遥拝　遠い場所（遥か）から拝むこと。「皇居を遥拝する」など。〔ようはい〕
- □ 大原女　京都の大原という里から、町へ草木などを売りにくる女のこと。〔おはらめ〕
- □ 進物　贈り物のこと。〔しんもつ〕
- □ お食い初め　赤ん坊に初めてご飯を食べさせる儀式。〔おくいぞめ〕
- □ 竿灯　秋田県の七夕祭り。東北三大祭りのひとつ。〔かんとう〕
- □ 流鏑馬　馬を走らせながら矢を射る日本古来の武芸。〔やぶさめ〕
- □ 厨子　仏像や経典などをおさめておく仏具。国宝「玉虫の厨子」など。〔ずし〕
- □ 揮毫　毫は筆のこと。それを揮って、書画をかくという意味。〔きごう〕
- □ 合掌　神仏に祈るときに掌を合わせること。〔がっしょう〕
- □ 湯治　病気を治すために温泉にはいること。〔とうじ〕
- □ 内裏　天皇の住む御殿。御所、皇居。「お内裏様」など。〔だいり〕
- □ 仕舞屋　商売をやめた家。商売をしていない家。〔しもうたや〕
- □ 本卦還り　還暦のこと。「本卦」は生まれた年の干支のこと。〔ほんけがえり〕

5 よくない意味の大和言葉もあります

● 読めますか? どんな意味か知っていますか?

□ 御座形

〔おざなり〕 その場逃れの、いい加減な言動をすること。「等閑」(なおざり)(いい加減なという意)との混同に注意。

□ 脂下がる

〔やにさがる〕 いい気になってニヤニヤする。もとは、キセルを雁首を下げるような恰好でくわえるさま。「なに、脂下がってんだよ」は時代劇によく出てくるセリフ。

□ 姥桜

〔うばざくら〕 女盛りを過ぎても、色気がある女性。もとは、葉よりも先に花が咲く桜のことで、葉がないことを「歯無し」にかけたという説がある。

□ 唐変木

〔とうへんぼく〕 偏屈で気のきかない者。物分かりの悪い人物を罵る言葉。

□ 表六玉

〔ひょうろくだま〕 間抜けな人を嘲っていう言葉。

□ 焦れったい　（じれったい）思うようにいかずイライラする。なお「焦れる」は「じれる」、「焦げる」は「こげる」、「焦る」は「あせる」と読む。

□ 如何様　（いかさま）偽物。インチキ。なお、「いかよう」と読むと、「どのように」という意味→「如何様にでも」。

□ 徒花　（あだばな）物事が実を結ばないことの形容。本来は、咲いても実がならない花のこと。「時代の徒花に終わる」など。「徒」を使う語は、ほかに「徒心（あだごころ）」（移ろいやすい心）、「徒波（あだなみ）」（無駄に立ち騒ぐ波）など。

□ 姦しい　（かしましい）騒がしく、うるさいこと。耳障りなこと。「女三人寄れば姦しい」など。

□ 擦れっ枯らし　（すれっからし）経験を積んだずるがしこい人。ただし、小物の悪党専用の言葉で、大悪党には似合わない。

□ 腰巾着　（こしぎんちゃく）たえず実力者にまとわりついて、離れない人。

□ 御為倒し　（おためごかし）相手のためになるように見せかけながら、自分の都合にとって、いいようにとりはからうこと。

□ 阿多福　（おたふく）丸顔の愛嬌のある顔。ただし、「あんな阿多福、誰がもらってやるものか」などと、醜女の代名詞でもあった。

6 天気や季節を表す和風の漢字

● 天気や季節を表す和風の言葉です。読めますか？

□ 疾風　〔はやて〕 不意にはげしく吹き起こる風。「疾風のように去っていく」など。熟字訓の代表格。音読みすると「しっぷう」→「疾風、吹きすさぶ」など。

□ 野分　〔のわき〕 台風、強風。野の草をかき分けるようにして吹く強い風という意。「のわけ」とも読む。

□ 颪　〔おろし〕 山から吹き降ろす風。「比叡颪」は、比叡山から京都の町に吹き下ろす風。「六甲颪」は、六甲山から神戸市街などに吹く風。

□ 春雨　〔はるさめ〕 春、静かに降る雨。中華料理などに使われる「春雨」は、この雨のそぼ降る様子から名づけられた。「春雨じゃ濡れて行こう」など。

□ 常夏　〔とこなつ〕 夏のような気候が一年中続くこと。

- □ 時雨　〔しぐれ〕降ったりやんだりする小雨。通り雨。「時雨月」は陰暦十月の別名。「蟬時雨」など、比喩的にも使う。

- □ 陽炎　〔かげろう〕空気がゆらゆら立ちのぼる現象。朝と昼の気温差が大きい季節に起きやすい。

- □ 夕靄　〔ゆうもや〕夕方に立ち込める靄。一方、朝に立ち込めるのは朝靄（あさもや）。

- □ 蜃気楼　〔しんきろう〕海の上や砂漠などで、見えるはずもないものが、見える自然現象。「不思議の海、富山湾の蜃気楼」など。

- □ 朧月夜　〔おぼろづきよ〕月の光がぼんやりかすんでみえる夜。春の夜に多い。「朧」は「朦朧」という熟語にも使われるように、はっきりしないという意。

- □ 白夜　〔びゃくや〕夜になっても、空が明るい現象。高緯度の北極圏・南極圏でみられる。「はくや」とも読む。

- □ 驟雨　〔しゅうう〕にわか雨。夕立。「驟雨に見舞われる」など。「驟せる」で「はせる」と読む。

- □ 東風　〔こち〕東から吹いてくる風。「とうふう」でも間違いではない。なお「南風」は「はえ」あるいは「なんぷう」と読む。

50

第2章　日本人なら読みこなしたい「和」の漢字です

● 引き続き、天気や季節を表す言葉。しっかりマスターしておきたい言葉ばかりです。

□ 凪　風がやんで、波が静かになること。「瀬戸の夕凪」など。〔なぎ〕

□ 霰　冬に降る氷の粒。「雪や霰や」など。〔あられ〕

□ 霙　雨まじりの雪。〔みぞれ〕

□ 雹　雷雨時に降る大きな氷の粒・塊。〔ひょう〕

□ 五月雨　陰暦の五月に降る雨。「五月雨を集めて早し最上川」は芭蕉の句。〔さみだれ〕

□ 薫風　おだやかな南風。〔くんぷう〕

□ 曇天　曇り空のこと。〔どんてん〕

□ 氷柱　軒先などに棒状に垂れ下がる氷。〔つらら〕

□ 雨脚　雨の降り方を形容する語。「雨脚が早まる」が定番の使い方。〔あまあし〕

□ 小糠雨　ひじょうに細かい雨。「小糠雨降る御堂筋」など。〔こぬかあめ〕

□ 酷暑　耐えがたいほどの暑さ。なお「極暑」は「ごくしょ」と読む。〔こくしょ〕

□ 炎暑　真夏のきびしい暑さ。〔えんしょ〕

□ 翳り　かげること。「太陽が翳りはじめる」など。「陰り」とも書く。〔かげり〕

□ 薄氷　水面に薄く張った氷。春先を表す言葉。「うすごおり」とも読む。〔うすらい〕

□ 凩　冬場に吹く冷たく強い風。「木枯らし」とも書く。「凩吹きすさぶ季節」。〔こがらし〕

51

7 「二十四節気」の漢字を読めますか？

「二十四節気」は、陰暦の季節の区分。二月初めに春が始まる（立春）など、日本人の実感とは若干のずれがあるのは、古代中国で作られ、向こうの季節に合わせてあるからです。それでも古来、わが国でも季節の目安として用いられてきたのは、気の早い日本人には、ぴったりだったからでしょうか。さて、日本人が古くから親しみ、いまもよく耳にする「二十四節気」、読めるでしょうか？

【春】
- □ 立春　2月4日頃。暦の上では春が始まる日。〔りっしゅん〕
- □ 雨水　2月19日頃。雪が雨になる時期。〔うすい〕
- □ 啓蟄　3月6日頃。冬ごもりしていた虫が這い出てくる時期。〔けいちつ〕
- □ 春分　3月21日頃。昼と夜の長さが等しくなる。〔しゅんぶん〕
- □ 清明　4月5日頃。空気が清く、光が明るくなる季節。〔せいめい〕
- □ 穀雨　4月20日頃。春雨が降り、穀物を潤す時期。〔こくう〕

【夏】
- □ 立夏　5月6日頃。夏が始まる日。〔りっか〕
- □ 小満　5月21日頃。作物が実りはじめる。〔しょうまん〕
- □ 芒種　6月6日頃。麦（芒(のぎ)がある）が成長する。〔ぼうしゅ〕
- □ 夏至　6月21日頃。昼が最も長い日。〔げし〕

- 小暑 7月7日頃。本格的に暑くなりはじめる。〔しょうしょ〕
- 大暑 7月23日頃。最も暑い時期。〔たいしょ〕

【秋】
- 立秋 8月8日頃。暦の上では秋の始まり。〔りっしゅう〕
- 処暑 8月23日頃。暑さも終わる時期。〔しょしょ〕
- 白露 9月8日頃。気温が下がり、露が降りはじめる。〔はくろ〕
- 秋分 9月23日頃。昼と夜の長さが等しくなる。〔しゅうぶん〕
- 寒露 10月8日頃。露がいよいよ冷たくなってくる。〔かんろ〕
- 霜降 10月23日頃。初霜が降りる。〔そうこう〕

【冬】
- 立冬 11月7日頃。暦の上では冬が始まる。〔りっとう〕
- 小雪 11月22日頃。雪が降りはじめる。〔しょうせつ〕
- 大雪 12月7日頃。雪が多く降る。〔たいせつ〕
- 冬至 12月22日頃。昼が最も短い日。〔とうじ〕
- 小寒 1月5日頃。寒の入り。〔しょうかん〕
- 大寒 1月20日頃。最も寒い頃。〔だいかん〕

● いろいろな「色」の名前です——読めますか？

□ **縹色** 薄い藍色。空色。 ［はなだいろ］

□ **鈍色** 濃いねずみ色。昔の喪服には、この色が使われた。 ［にびいろ］

□ **浅葱色** 水色、あるいは緑がかった藍色。 ［あさぎいろ］

□ **群青色** あざやかな藍色がかった青い色。 ［ぐんじょういろ］

□ **翠** 若葉などの色をさす言葉。翡翠(ひすい)のような色。 ［みどり］

□ **茜色** ちょっと暗めの赤。もとは、山草の茜の根で染めた色。 ［あかねいろ］

□ **琥珀色** 半透明の褐色・黄色。ウイスキーの色の代名詞。 ［こはくいろ］

□ **赤銅色** 紫がかった黒色。赤銅は銅を中心にした合金。 ［しゃくどういろ］

□ **紺碧** 黒味を帯びた藍色。「紺」「碧」にも同様の意がある。 ［こんぺき］

□ **深紅** 濃い紅色。真っ赤。「深紅の大優勝旗」など。 ［しんく］

□ **黄土色** 黄色がかった茶色。 ［おうどいろ］

□ **灰白色** 灰色がかった白色。 ［かいはくしょく］

□ **濃紫** 濃い小豆色を帯びた紫色。 ［こむらさき］

□ **萌黄色** やや黄色がかった緑色。萌葱とも書く。 ［もえぎいろ］

□ **鶯色** 鶯の背に似て緑と黒茶色が混じった色。 ［うぐいすいろ］

第3章 たった一文字なのに簡単には読めない漢字です

一文字の漢字は、意外な強敵。古い大和言葉に漢字を当てたものが多く、耳慣れた音読みとはかけ離れた読み方をするからです。この章で、大事なポイントを整理しましょう。

① よく耳にするのに、案外読めない漢字

●まずは、意外と読めない一文字漢字から。読んでください。

- □ 邪　〔よこしま〕　悪いこと。「邪な気持ち」など。
- □ 栞　〔しおり〕　本の間に挟んで目印とする紙。あるいは、簡単な手引書のことも指す→「旅の栞」。
- □ 袂　〔たもと〕　和服の長く垂れた袖。「袂を分かつ」は別れること、縁を切ること。
- □ 躾　〔しつけ〕　礼儀作法を教え込むこと。「躾がなっていない」「躾が行き届く」など。

□殿　〔しんがり〕　こう読むと、軍隊の最後尾で、追ってくる敵を防ぐ部隊。「殿を務める」など。もちろん、「との」とも読む。

□畏　〔かしこ〕　女性が手紙の最後に書く言葉。「あなかしこ」とも読む。

□絆　〔きずな〕　心の結びつき。もとは、馬や犬をつないでおく綱のこと。

□柩　〔ひつぎ〕　死体を入れて葬るための棺桶。

□訛　〔なまり〕　地方特有の発音。「訛りは国の手形」は、訛りを聞けば出身地がわかるという意味。

□磔　〔はりつけ〕　罪人を柱に縛りつけ、槍で刺し殺す刑罰。「獄門磔の刑」など。

□万　〔よろず〕　なんでもすべて。「万、承ります」など。「万屋」は「なんでも屋」のこと。

□古　〔いにしえ〕　過ぎ去った昔。「往にし」という古語を名詞化し、「古」という漢字を当てたもの。

□俤　〔おもかげ〕　目前にはないのに、ありそうに見える顔や姿。「亡き母の俤がある」など。「面影」も「おもかげ」と読む。

□希　〔まれ〕　めずらしいこと。名前の場合は「のぞみ」と読むことが多い。「稀」も「まれ」と読む。

第3章　たった一文字なのに簡単には読めない漢字です

- □ 囮
[おとり]　誘い寄せるための道具や人。もとは、鳥や獣を捕えるときに使う同類の鳥獣のこと。「大将自ら囮となって、敵をおびき寄せる」など。

- □ 錨
[いかり]　船を一定の場所にとどめておくため、海底に沈めるおもり。「錨を上げる」は出航すること。「錨を下ろす」は停泊すること。

- □ 頁
[ページ]　書籍などの「ページ」。

- □ 紬
[つむぎ]　絹織物の一種。大島紬、結城紬など。

📎 いろいろな「みち」、ご存じですか？

「みち」と読む漢字は多数あります。以下はその代表例。どんな「みち」か、イメージできますか？

- □ 道——人や車が往来するみち、すべてに使われる。また「人の道」「天道」など、比喩的な言葉でも、おおむねこの漢字が使われる。
- □ 路——これも、大小にかかわらず使えるみち。
- □ 径——こみち、ほそみちを意味する。「森の径」「山の径」のように。
- □ 途——小さい道ではあるが、目標に至るみちというニュアンスを含んでいる→途中、途上。
- □ 軌——「みち」のほか、「わだち」とも読む。車の通るみち、あるいはその跡のこと。

● 一文字で表す「道具の名前」です。読んでください。

□ 匣　箱の中でも、蓋付きの箱を指す語。　　　　　　　　〔はこ〕
□ 凧　「凧上げの凧」のこと。魚のタコは蛸、あるいは章魚と書く。〔たこ〕
□ 硯　墨をするための道具。「すみすり」がつまって「すずり」になった。〔すずり〕
□ 鉋　木材の表面を削る道具。　　　　　　　　　　　　　〔かんな〕
□ 膠　接着剤、染色などに用いる獣や魚の骨、皮などから抽出した物質。〔にかわ〕
□ 褥　座布団や敷布団。座るときや寝るときに下に敷くもの。〔しとね〕
□ 鉞　斧に似た木を伐る道具。「鉞かついだ金太郎」のマサカリ。〔まさかり〕
□ 笊　竹で編んだ目の細かいかご。「笊蕎麦」の略。「笊碁」は下手の碁のこと。〔ざる〕
□ 紐　物を束ねるヒモのこと。　　　　　　　　　　　　　〔ひも〕
□ 鞄　書類などを入れて運ぶ道具。日本生まれの国字。　　〔かばん〕
□ 錘　物の重量を増やすために付ける金属。釣り針などを沈めるために使う。〔おもり〕
□ 簪　女性が髪の毛にさす装飾品。カミサシが変化した語。〔かんざし〕
□ 釦　衣服などについているボタン。ボルトガル語に、この漢字を当てた。〔ぼたん〕
□ 襷　袖や袂が邪魔にならないよう、たくし上げるための紐。〔たすき〕
□ 櫛　髪をとかす道具。　　　　　　　　　　　　　　　　〔くし〕

58

第3章　たった一文字なのに簡単には読めない漢字です

● 「建物」周辺の一文字言葉です。読んでください。

- □ 庇　窓などの上にある日や雨を防ぐ小屋根。「廂」とも書く。〔ひさし〕
- □ 梁　屋根や柱を固定する木材。〔はり〕
- □ 甍　瓦葺きの屋根。「甍の波」は日本家屋の屋根が続くさまの形容。〔いらか〕
- □ 襖　木で骨を組み、紙などを貼った部屋の仕切り。〔ふすま〕
- □ 厠　便所のこと。川の上につくったことが語源。〔かわや〕
- □ 厩　馬を飼う小屋。「厩戸皇子」は聖徳太子のこと。〔うまや〕
- □ 門　門の扉が開かないようにする横木。〔かんぬき〕
- □ 厨　台所のこと。〔くりや〕
- □ 竈　火を焚いて鍋などを煮炊きする設備。〔かまど〕
- □ 閨　夜、眠るための部屋。〔ねや〕
- □ 樋　雨水などを屋根から地上に流すための筒。「ひ」と読んでも同じ意味。〔とい〕
- □ 塒　寝る場所。または、城中の広くなった場所。「塒に戻る」など。「寝ぐら」と読み方はない。〔ねぐら〕
- □ 廓　遊廓。〔くるわ〕
- □ 黴　腐った物の表面に出るカビ。音読みは「黴菌」の「ばい」。〔かび〕
- □ 簾　日除けや目隠しに使うため、竹などを編んだもの。〔すだれ〕
- □ 轍　轍道に残った車輪の跡。〔わだち〕

59

● 「人」と「自然」に関係する一文字言葉です。読んでください。

- □ 踝　足首の側面にある骨の突起。　〔くるぶし〕
- □ 肘　腕の関節とその周辺部分。「肘鉄砲」など。　〔ひじ〕
- □ 頸　首のこと。「頸動脈」は首にある動脈。　〔くび〕
- □ 痣　内出血をおこし、色が変わった皮膚の部分。　〔あざ〕
- □ 疣　皮膚の角質が盛り上がったもの。　〔いぼ〕
- □ 嗽　水などで口や喉をすすぐこと。　〔うがい〕
- □ 喉　口の奥の食道と気管に通じる部分。　〔のど〕
- □ 鼾　眠っているときに、鼻や口から出る音。　〔いびき〕
- □ 瘧　悪寒や震えが起こる病気。おもにマラリア系の病を指す。　〔おこり〕
- □ 泪　目から出る涙。「泪橋」など。　〔なみだ〕
- □ 蹄　牛や馬などの爪。「ひずめ」を補強する金具が「蹄鉄（ていてつ）」。　〔ひずめ〕
- □ 屍　なきがらのこと。「かばね」とも読む。　〔しかばね〕
- □ 霞　空気中の粒子によって、遠くがぼやける現象。　〔かすみ〕
- □ 梢　木の幹や枝の先。　〔こずえ〕
- □ 黍　イネ科の穀物。「唐黍（とう）」はトウモロコシの別名。　〔きび〕
- □ 粟　イネ科の穀物で、黄色い小粒の実がなる。　〔あわ〕

60

第3章　たった一文字なのに簡単には読めない漢字です

- □ 稗　やはり、イネ科の植物。やせた土地でも育つ。〔ひえ〕
- □ 蔦　樹木や石垣などを這いのぼって生長する植物。〔つた〕
- □ 蕾　花がひらく前の状態。「花なら蕾」など。〔つぼみ〕
- □ 楓　秋に紅葉する樹木。〔かえで〕
- □ 叢　草が集まってはえているところ。〔くさむら〕
- □ 汐　海の水。「潮」とも書く。〔しお〕
- □ 麓　山の裾。〔ふもと〕
- □ 蛭　動物や人の血を吸う生き物。〔ひる〕
- □ 蛆　ハエの幼虫。「蛆虫め！」（悪口）など。〔うじ〕

📎「国字」（日本で生まれた漢字）をご存じですか？

大和言葉に当てた漢字には、いわゆる「国字」（日本で作られた漢字）が多数含まれています。代表例をあげると、

堋、夊、凩、俤、凧、匂、噺、孃、鋲、峠、杣、枡、柾、鯰、鯱、榊、槇、樫、狆、畑、畠、笹、粂、籾、糀、裃、褄、襷、躾、辻、込、雫、颪、鱩、鱈、鱓、麿など。

意外なところでは、働、搾、枠も国字。栃木県の「栃」も日本で作られた漢字です。

column 2 「今年の漢字」をご記憶ですか？

日本漢字能力検定協会が、年の暮れに発表するおなじみの「今年の漢字」。例年、世相を表す漢字が選ばれます。ここでは過去十年の漢字と世相を振り返りながら、読み方もさらっておきましょう。

2005年・「愛」 愛知県で愛・地球博が開催され、卓球の福原愛ちゃんが活躍した年。「愛しい」は「いとしい」、「愛でる」は「めでる」と読みます。

2006年・「命」 悠仁親王が誕生した年。「命」を「みこと」と読むことも、この言葉が選ばれた背景にありました。

2007年・「偽」 食品偽装表示問題、年金記録問題で揺れた年。「いつわり」のほか、「にせ」とも読むこの字が選ばれました。

2008年・「変」 オバマ大統領の「チェンジ」などから。たしかに「変わる」だけでなく、事件も意味する（禁門の変など）この漢字がふさわしい年でした。

column2 「今年の漢字」をご記憶ですか？

2009年・「新」 民主党の新政権が生まれた年。この漢字、「にい」と読むこともお忘れなく→新妻など。また「気持ちを新たに」は、「あらたに」と読みます。

2010年・「暑」 観測史上1位の猛暑を記録した年。炎暑に苦しみ、残暑が続いた年でした。

2011年・「絆」 東日本大震災発生の年。「きずな」と読むほか、「絆ぐ」で「つなぐ」と読みます。人々が手と手を絆ぐことの大切さを改めて感じた年でした。

2012年・「金」 ロンドン五輪で、過去最多のメダルを獲得した年。なお「金色」は「きんいろ」とともに、「こんじき」とも読みます。

2013年・「輪」 2020年東京五輪の招致に成功した年。五輪は「ごりん」ですが、「三つ輪」は「みつわ」と読むこともお忘れなく。

2014年・「税」 17年ぶりに消費税が増税された年。「税」一字では「みつぎ」と読んで、昔は租税を総称する言葉でした。

第4章 誤読が目立つ初級の漢字を集めました

漢字は、どうやって作られたかによって、象形文字、指事文字、会意文字、形声文字の4種類に分類されます。すべての漢字のうち、80％以上は形声文字です。形声文字は、簡単にいうと、偏や旁(つくり)がその言葉の属性（意味）を表し、その他の部分が発音（音）を表す文字のこと。例をあげると、清、晴、精は、サンズイや日偏などが属性を表し、右側の「青」がセイと発音することを示しています。

この項で扱う「熟語」の多くも、形声文字によって構成されています。それらを読みこなすには偏や旁以外の部分に注目するのがコツ。ただし、例外も多いので、一つずつ確認しましょう。

1 小学校の漢字を侮ってはいけない ①

●まずは、おもに小学校で習う「教育漢字」（1006字）で構成される熟語から確認しましょう。

□ **本望**

〔ほんもう〕 本当の望み。もともと抱いていた望み。「ここまでできれば、本望だ」など。

第4章　誤読が目立つ初級の漢字を集めました

- □ 版図
- □ 入神
- □ 問屋
- □ 重宝
- □ 頑固
- □ 生国
- □ 年季
- □ 汎用

〔はんと〕　領土のこと。「版図を広げる」は領土を広げること。

〔にゅうしん〕　人間業とは思えないくらい腕前がすばらしいという意。「入神の出来」「入神の域に達する」など。

〔とんや〕　商品を仕入れ、小売店に卸す商売。「米問屋」「そうは問屋がおろさない」など。

〔ちょうほう〕　大切にしていて、便利なもの。「たいへん重宝しております」など。

〔がんこ〕　自分の考えや態度をかたくなに守ること。「頑固な性格」「頑固親父」など。

〔しょうごく〕　生まれ故郷。「手前、生国と発しますところ」は昔の侠客が挨拶に用いた定番のフレーズ。

〔ねんき〕　奉公人を雇う期間。「年季が入る」は、長年同じ仕事を続け、腕をあげること。「年季が明ける」「年季奉公」など。

〔はんよう〕　一つのものをさまざまな用途に使う。「汎用品」「汎用コンピュータ」など。「汎」には、ひろいという意味がある。

65

- □ 思惑　〔おもわく〕狙いを秘めた思い。「思惑どおり」「思惑が当たる」など。動詞の「思ふ」に接尾語の「く」がついた「思はく」に当て字したもの。×「しわく」。

- □ 投網　〔とあみ〕水に投げ入れ、魚をとる網。錘がついていて円形に広がる。「投網にかける」

- □ 十指　〔じっし〕十本の指。「十指に余る」は数えられないほど多いという意。「十指に満たない」（十未満という意）という言葉もある。×「じゅっし」。

- □ 労役　〔ろうえき〕体を使ってする仕事。課せられた仕事。「労役に服する」など。

- □ 素読　〔そどく〕声を出して文章（漢文）を読むこと。「素」はいろいろな読み方をする漢字で、素面〔しらふ〕、素人〔しろうと〕、素朴、味の素〔もと〕などは正確に読み分けたい。

- □ 相伴にあずかる　〔しょうばん〕もてなしをうけること。接待された席では「ご相伴にあずかりまして」と挨拶するもの。

- □ 旗色　〔はたいろ〕形勢のこと。「旗色が悪い」は敗色が濃いさま。昔は、敵味方の旗の動きをみて、戦況を判断したことから。

- □ 目深にかぶる　〔まぶか〕目が隠れるくらい深くかぶるさま。「帽子を目深にかぶる」など。「目蓋〔まぶた〕」、「目のあたり」など、「目」を「ま」と読む例は案外多い。

第4章　誤読が目立つ初級の漢字を集めました

● 簡単な漢字を使っているのに、意外に読めない「熟語」です。

□ 日向　日の当たるところ。地名では「ひゅうが」と読む。 ［ひなた］
□ 氷雨　冷たい雨。かつてのヒット曲のタイトルでもある。 ［ひさめ］
□ 生業　生計のための仕事。「生業にする」など。 ［なりわい］
□ 童歌　子どもたちの間で歌い継がれてきた歌。 ［わらべうた］
□ 風花　積雪が風に舞いあげられ、飛ぶこと。 ［かざはな］
□ 仕業　したこと。行為。「鬼畜の仕業」など。 ［しわざ］
□ 素描　デッサン。×「すびょう」。 ［そびょう］
□ 律儀　義理がたく、誠実なこと。「律儀な人」など。 ［りちぎ］
□ 心許り　ほんの気持ちで。「心許りの品ですが」など。 ［こころばかり］
□ 挨拶　朝のあいさつなど、儀礼的な言葉や動作のこと。 ［あいさつ］
□ 粗方　大半。ほとんどすべて。「御馳走を粗方平らげる」など。 ［あらかた］
□ 一段落　一区切りがつき、片づくこと。×「ひとだんらく」。 ［いちだんらく］
□ 店屋物　店で売る品、とりわけいわゆる出前の意で使うことが多い。 ［てんやもの］
□ 勿論　言うまでもなく。「論う勿れ（あげつらうなかれ）」という意 ［もちろん］
□ 得手　得意なこと。「得手に帆を揚げて」など。反対語は「苦手」。 ［えて］

67

2 小学校の漢字を侮ってはいけない②

●自信を持って大きな声で読めますか？

□ 声高　〔こわだか〕大きな声。「声高に叫ぶ」「声高な反対」など。「声色」「声音」など、二字ともに訓読みする熟語では、「こわ」となることが多い。

□ 場末　〔ばすえ〕町からはずれた裏さびれたところ。「場末のキャバレー」「場末のスナック」など、酒場の〝枕詞〟によく使われる。

□ 水稲　〔すいとう〕田んぼで栽培する稲。一方、「陸稲〔おかぼ〕」は、畑で栽培する稲。

□ 面影　〔おもかげ〕記憶している顔や姿のこと。「父の面影が残る」など。一字で書くと、前にも紹介した「俤」。

□ 金看板　〔きんかんばん〕世間に対して堂々と掲げる立場や主張。金文字の看板が、よく目立つことから。「金看板を上げる」など。

第4章 誤読が目立つ初級の漢字を集めました

- □ 在郷
- □ 古文書
- □ 接木
- □ 口の端
- □ 苦汁
- □ 下知
- □ 見得
- □ 無下
- □ 図体
- □ 工面

〔ざいごう〕 都会から離れたところに住むこと。「在郷軍人会」など。

〔こもんじょ〕 古い文書のこと。おもに江戸時代以前の文書を指す。×「こぶんじょ」。

〔つぎき〕 植物の枝や幹をほかの植物につぎあわせること。「継木」とも書く。

〔くちのは〕 口先のこと。「口の端に上る」は「噂になる」という意味。

〔くじゅう〕 苦みのある汁。「苦汁を飲まされる」は、苦しい目にあわされるという意。

〔げじ〕 上の者が下の者へ指図すること。命令。「大将の下知を受ける」「下知に従う」など。「げち」とも読む。

〔みえ〕 歌舞伎の演技の一つ。役者が動きを止め、にらむようなポーズをとる。「見得を切る」など。「見栄」と混同しないように。こちらは「見栄を張る」。

〔むげ〕 劣っていること。どうしようもないこと。「無下に扱う」など。

〔ずうたい〕 体つきのことだが、大きな体に対して使う。「図体がでかい」など。「小さな図体」では不似合いな形容になる。

〔くめん〕 工夫して、必要なものを手に入れること。「代金を工面する」など。

● これも、簡単な漢字の組み合わせなのに、意外に読めない「熟語」です。

- 知己　知り合い、友のこと。「長年の知己」など。〔ちき〕
- 総身　身体全体。全身。「大男、総身に知恵が回りかね」など。〔そうみ〕
- 今様　現代風。当世風。〔いまよう〕
- 但書　前の文章を受け、説明や条件などを書き添えたもの。〔ただしがき〕
- 店賃　家賃。×「みせちん」。〔たなちん〕
- 歩合　売上や出来高に応じた比率、手数料。「歩合給」など。〔ぶあい〕
- 百出　数多くあらわれること。「議論百出」など。〔ひゃくしゅつ〕
- 親身　温かい心づかいをする。「親身に忠告する」のように使う。〔しんみ〕
- 甲板　船舶上部の平らな部分。船舶用語では「こうはん」と読む。〔かんぱん〕
- 界隈　そのあたり。「先斗町界隈をそぞろ歩く」など。〔かいわい〕
- 御足　金のことをいう女房言葉。「御足が足りない」など。〔おあし〕
- 巨匠　その道にすぐれた人。「巨匠クロサワ」など。〔きょしょう〕
- 出初式　新年に行われる消防関係の行事。〔でぞめしき〕
- 読点　文中に入れる「、」のこと。「。」は句点。〔とうてん〕
- 茶店　道ばたで茶や団子などを出す店。〔ちゃみせ〕

❸ ふだんよく使われている初級の熟語

●よく使われる初級の熟語です。読んでください。

□ 仲裁
〔ちゅうさい〕 争っている者の間に入り、仲直りさせる。「仲裁人」「仲裁を買って出る」など。

□ 是非
〔ぜひ〕 よいことと悪いこと。「是非を問う」「是非を論ずる」は織田信長がよく使い、最期にも発したとされる言葉。「是非に及ばず」など。

□ 不肖
〔ふしょう〕 父や師に似ていなくて愚か、という意。「不肖の息子」「不肖の弟子」「不肖ながら」など。「肖る」で「あやかる」とも「にる」とも読む。

□ 貼付
〔ちょうふ〕 貼り付ける。「店」に似た旁につられた「てんぷ」という誤読が定着しかけている。「貼」は「はる」、「貼く」は「つく」と読む。

□ 残滓
〔ざんし〕 残りかす。「旧時代の残滓」など。

- □ 梃子　〔てこ〕　重いものを動かすために使う棒。「梃子でも動かない」は、どうやっても動かないこと。

- □ 酷似　〔こくじ〕　はなはだよく似ていること。

- □ 凹凸　〔おうとつ〕　くぼんでいたり、出っ張っていて、平らではないさま。「凸凹」と書くと「でこぼこ」と読む。

- □ 一献　〔いっこん〕　一杯の酒。「一献差し上げる」は、相手の杯に酒をつぐこと。「まずは、ご一献」など。

- □ 隠匿　〔いんとく〕　人目に触れないよう隠すこと。「利益を隠匿する」「隠匿物資」など。「隠す」も「匿す」も「かくす」と読む。

- □ 遣水　〔やりみず〕　庭の植え込みや植木鉢などに遣る水。あるいは、庭に水を引き入れて作った流れ。

- □ 卑下　〔ひげ〕　自分を劣ったものととらえて、へりくだること。「卑下が過ぎる」など。

- □ 便宜　〔べんぎ〕　都合のよいこと。特別のはからい。「便宜的」「便宜を図る」など。

- □ 消耗　〔しょうもう〕　体力や気力を使いきること。使ってなくすこと。本来は「しょうこう」と読むが、いまは慣用読みの「しょうもう」で定着している。

第4章　誤読が目立つ初級の漢字を集めました

□ 叱咤
〔しった〕 大声を出して叱りつける。叱りつけるようにして励ます。「部下を叱咤激励する」など。

□ 和睦
〔わぼく〕 和らいで睦まじくすること。「敵国と和睦する」「和睦を結ぶ」など。「睦ぶ」で「むつぶ」と読む。

□ 端坐
〔たんざ〕 姿勢を正して座ること。「端」には、きちんとしているという意味がある→「端正な顔だち」。

□ 下賜
〔かし〕 身分の高い人から「下し賜る」という意。「天皇陛下より下賜された品」など。

□ 友誼
〔ゆうぎ〕 友達のよしみ。「格別のご友誼」など。「誼」一字で「よしみ」と読む→「誼を通じる」。

□ 難詰
〔なんきつ〕 問い詰め、非難すること。「ミスを難詰する」など。「詰る」で「なじる」と読む。

□ 廉価
〔れんか〕 安値。「廉価販売」「廉価版」など。×「けんか」。反対語は「高価」。

□ 珊瑚
〔さんご〕 サンゴ虫がつくる石灰質の物質。「宝石珊瑚」「金銀珊瑚」「珊瑚礁」など。

- □ 対峙 〔たいじ〕向き合って立つこと。「敵と対峙する」など。「峙つ」で「そばだつ」と読む。

- □ 嗚咽 〔おえつ〕声をつまらせるように咽び泣くこと。「思わず嗚咽する」など。

- □ 憮然 〔ぶぜん〕本来は、無表情のこと。近年、不満な表情という意味で使う人が増えている。「憮然とした表情の力士」など。

- □ 凱旋 〔がいせん〕戦いに勝ち、帰ること。「凱旋門」「凱旋将軍」など。「凱」には戦勝の音楽、「旋」には帰るという意味がある。

- □ 一家言 〔いっかげん〕独自の見識や見解。「一家言もつ」は独自の見識などをもっていること。×「いっかごん」。

- □ 口伝 〔くでん〕奥義を口で教え、伝えること。「口伝の秘儀」など。「口伝て」と送り仮名をつけると、「くちづて」と読む。

- □ 一矢 〔いっし〕一本の矢。「一矢を報いる」は、相手の攻撃に対し、わずかながらでも反撃すること。×「いちや」。

- □ 場数 〔ばかず〕多くの経験。「場数を踏む」で、経験を積み、物事に馴れること。

- □ 帳尻 〔ちょうじり〕収支決算の結果。「帳尻が合う」は、つじつまが合うこと。

第4章　誤読が目立つ初級の漢字を集めました

● 「初級の上」といったあたりの熟語です。読んでください。

□ **分娩**　出産すること。「分娩室」など。〔ぶんべん〕

□ **骨董**　古美術品や古道具。〔こっとう〕

□ **俄然**　突然。だしぬけに。「俄」は「にわか」と訓読みする。〔がぜん〕

□ **時宜**　ちょうどいいとき。「時宜もよろしく」など。〔じぎ〕

□ **畦道**　水田と水田の間につくる細い道。〔あぜみち〕

□ **稼業**　生活するための仕事。〔かぎょう〕

□ **歯垢**　歯にたまる食べカス。なお「手垢」は訓読みにして「てあか」。〔しこう〕

□ **褒美**　誉めて与える金品。「褒美にあずかる」など。〔ほうび〕

□ **賜物**　まわりから受ける恩恵。「ご指導の賜物」など。〔たまもの〕

□ **小咄**　落語家などが話す短く滑稽な話。〔こばなし〕

□ **養蚕**　蚕(かいこ)を育て、生糸の原料になる繭(まゆ)をとること。〔ようさん〕

□ **溝川**　汚水が流れるドブのような川。〔どぶがわ〕

□ **冶金**　金属を精錬したり、合金をつくること。〔やきん〕

□ **終日**　一日中。前述のとおり「ひもすがら」「しゅうじつ」とも読む。〔ひねもす〕

□ **腹拵え**　その後のことに備え、食事をしておくこと。〔はらごしらえ〕

4 新聞、雑誌でよく見かける漢字①

● 新聞・雑誌によく出てくる熟語です。読んでください。

□ 端緒　〔たんしょ〕物事のきっかけ。「たんちょ」は慣用読み。「端緒をつかむ」は、事件解明などのきっかけをつかむこと。

□ 便乗　〔びんじょう〕他人の乗り物に相乗りする。また「便乗値上げ」など、機会を抜け目なく利用すること。

□ 進捗　〔しんちょく〕物事が進み、はかどること。「進捗状況を上司に報告する」など。「捗る」で「はかどる」と読む。

□ 温床　〔おんしょう〕ある風潮や傾向が生まれやすい環境。おもに悪いことに対して使う。「悪の温床」「非行の温床」など。

□ 軋轢　〔あつれき〕摩擦が生じ、関係が悪くなる。「軋轢が生じる」など。

第4章　誤読が目立つ初級の漢字を集めました

- □ 粗利益
- □ 破綻
- □ 領袖
- □ 収束
- □ 山積
- □ 農作物
- □ 画一的
- □ 寡占

〔あらりえき〕　売上げから原価を差し引いた儲け。

〔はたん〕　つぶれること。「金融機関が破綻する」など。「綻ぶ」で「ほころぶ」と読む。

〔りょうしゅう〕　組織のトップにたつ人。「領（えり）」も「袖（そで）」も目立つことからきた言葉。「派閥の領袖」など。

〔しゅうそく〕　混乱していたものが、まとまること。「事態が収束に向う」など。「終息」（物事が終わること）と混同しないように。

〔さんせき〕　山のようにたまること。なお「山積み」は「やまづみ」と読む。「仕事が山積している」など。

〔のうさくぶつ〕　田畑でとれる穀物や野菜・果物。「のうさくもつ」と読んでも間違いではない。

〔かくいつてき〕　型にはまり、同じようであるという意。「画一的な発想」「画一的な都市計画」など。

〔かせん〕　少数の大企業が市場を支配している状態。「市場が寡占化する」など。「寡い」で「すくない」と読む。

- □ 糾明　【きゅうめい】不正などを問いただし、真相を明らかにすることだが、問いただすというニュアンスは含まない。「究明」も真実などを明らかにすることを問いただすということ。

- □ 掌握　【しょうあく】自分の思いどおりに支配すること。「手のひらの中に握る」という意味。「権力を掌握する」「実権を掌握する」など。

- □ 賄賂　【わいろ】役人に送る不正な金品。「賄う」「賂う」ともに、「まいなう＝賄賂をとるという意」という訓読みがある。なお「賄う」は普通は「まかなう」と読む。

- □ 刃傷沙汰　【にんじょうざた】刃物で人を傷つけること。「刃傷沙汰になる」など。「刃」の訓読みは「やいば」。「刀」と見間違えないように。

- □ 過渡期　【かとき】変化の途中。新しいものに移り変わる時期。「大人への過渡期」「過渡期にさしかかる」など。

- □ 癒着　【ゆちゃく】本来は離れている者同士がくっつくさま。「政官財の癒着」「患部が癒着する」など。

- □ 美人局　【つつもたせ】男が関係をもった女に他の男を誘惑させ、そのことをめぐって、ゆすりを働くこと。

5 新聞、雑誌でよく見かける漢字②

●続けて、メディアを通して今日も目にしているはずの漢字です。

□ 騒擾
〔そうじょう〕 大騒ぎになること。「騒擾事件」など。「擾れる」で「みだれる」と読む。

□ 寡聞
〔かぶん〕 聞いていることや経験が少ないこと。「寡聞にして存じません」というのが決まり文句。

□ 漏洩
〔ろうえい〕 秘密が漏れること。本来は「ろうせつ」と読むが、慣用読みの「ろうえい」で定着している。

□ 猥褻
〔わいせつ〕 性的にみだらなこと。「猥」にはみだら、「褻」はけがらわしいという意味がある。

□ 反故　〔ほご〕　本来は書き損じた紙のことで、そこから役に立たなくなったものの意に。「反故にする」というと、なかったことにするという意味→「約束を反故にする」。

□ 不文律　〔ふぶんりつ〕　暗黙の了解になっていること。「業界の不文律」「不文律化している」など。

□ 補塡　〔ほてん〕　不足したぶんを補うこと。「赤字を補塡する」など。

□ 減反　〔げんたん〕　田の作付面積を減らすこと。「減反政策」など。「反物」も「反」を「たん」と読む。

□ 未曾有　〔みぞう〕　これまではなかったという意。未だ曾て有らず、の意。「未曾有の出来事」「未曾有の不景気」など。

□ 要衝　〔ようしょう〕　要（かなめ）となる重要なところ。「作戦上の要衝」「勝敗の鍵となる要衝」など。

□ 大銀杏　〔おおいちょう〕　十両以上の力士が結う大きめの髷（まげ）。その先の形が銀杏の葉に似ている。

□ 雪辱　〔せつじょく〕　汚名をはらすこと。「辱」は恥のこと。「雪ぐ」で「すすぐ」と読む。

80

第4章　誤読が目立つ初級の漢字を集めました

□ 台頭
□ 檜舞台
□ 天王山
□ 美酒
□ 采配
□ 年俸
□ 伯仲

〔たいとう〕　勢いを増してくること。「近年台頭してきた勢力」、などとつかう。昔は「擡頭（「擡」はもたげるという意）」と書き、戦後、「擡」が当用漢字からもれたため、意味は違う漢字ではあるが、「台頭」と書くようになった。

〔ひのきぶたい〕　晴れの場所。能や歌舞伎では檜張りの舞台を正統とするところから。「檜舞台にのぼる」など。

〔てんのうざん〕　勝負の分かれ目。豊臣秀吉と明智光秀が戦った山崎の戦いで、天王山をどちらが押さえるかが勝負の分かれ目のなったとされることから。

〔びしゅ〕　うまい酒のこと。「美酒に酔う」は、勝利した後などに、格別にうまい酒に酔うさま。

〔さいはい〕　大将が軍を指揮するたの道具。「采配を振る」といえば、指揮するという意。

〔ねんぽう〕　一年ごとに決める給与。「ねんぼう」ではなく、「俸」を「ぽう」と読むのが正しい。

〔はくちゅう〕　甲乙つけられないこと。「実力伯仲」など。「伯仲」は、もとは兄と弟のこと。

- □ 挫折　（ざせつ）途中でうまくいかなくなること。挫けて折れることから。「挫折を味わう」など。

- □ 喝采　（かっさい）盛んにほめそやすこと。ちあきなおみのレコード大賞受賞曲のタイトルでもある。

- □ 屈指　（くっし）指を折って数え上げられるくらいすぐれていること。「日本屈指の名将」など。「指折り」も同じ意味。

- □ 葛藤　（かっとう）心中に相反するものがあって迷う状態。植物の「葛（かずら）」も「藤」も、蔓が長く、もつれ合うことから。

- □ 怒号　（どごう）怒って叫ぶこと。「号ぶ」で「さけぶ」と読む。「怒号が飛び交う」など。

- □ 制覇　（せいは）競争相手に勝ち抜くこと。「全国制覇」など。なお「覇」には「はたがしら」という訓読みがある。

- □ 修羅場　（しゅらば）激しい戦いの場。仏教用語では「しゅらじょう」と読み、帝釈天と阿修羅が戦う場。

- □ 形骸化　（けいがいか）形だけ残って中身がなくなること。「形骸化した制度」など。「骸」の訓読みは「むくろ」。

第二部
表現力がアップする漢字編

第5章 大人なら読めて当然、使えて当然の慣用句です

慣用句は、日本語の花。巧みで面白い表現が多いので、うまく使えば、言葉づかいがぐんと華やかになります。

ただし、慣用句は定型句（決まった形で表す言葉）なので、言葉の組み合わせを勝手に変えるのはNG。読み方も意味も正確に知って使わないと、思わぬところで恥をかくことにもなります。

読み方だけでなく、その意味や言葉の組み合わせも、しっかりおさえてください。

1 読み間違えるとかなり恥ずかしい慣用句

●慣用句の中に潜む危険な一文字、正しく読めますか？

□ **目**の当たりにする 〔ま〕 目の前で直接見ること。×「め」。

□ **寂**として声なし 〔せき〕 静かなさま。「寂」を「じゃく」と読むのは間違い。

□ **累**が及ぶ 〔るい〕 他の事や人に、災いや迷惑をかけるさま。「隣家にも累が及ぶ」など。

第5章　大人なら読めて当然、使えて当然の慣用句です

- □ 歯に**衣**着せない　〔きぬ〕　相手に遠慮せず、ズケズケと言うこと。×「ころも」。
- □ **噯**にも出さない　〔おくび〕　隠し事をしていることを表に出さない。「噯」はゲップのこと。
- □ 身を**粉**にする　〔こ〕　懸命に働くこと。×「こな」。
- □ **的**を射る　〔まと〕　要点をとらえること。的は射るものであり、的を「得る」は間違い。
- □ **罰**が当たる　〔ばち〕　神や仏の報いを受けること。×「ばつ」。
- □ **徒**となる　〔あだ〕　無駄になる。咲いても実がならない花は「徒花」。×「と」。
- □ **性**に合う　〔しょう〕　好みや性格が合うこと。×「せい」。
- □ **斜**に構える　〔しゃ〕　物事と正面から向き合わず、皮肉っぽい態度をとるさま。×「ななめ」。
- □ **益**もない　〔やく〕　無駄である。「益体もない」も同じ意味。×「えき」。
- □ **野**に下る　〔や〕　官職を辞め、民間人になること。「在野」の「野」。×「の」。
- □ **悦**に入る　〔えつ〕　満足して悦ぶこと。「入る」の読み方にも注意のほど。
- □ **腑**に落ちない　〔ふ〕　納得がいかない。「腑」ははらわたの意。
- □ **粋**を集める　〔すい〕　すぐれたものを集める。「現代技術の粋を集める」など。×「いき」。

- □ 虚をつく　（きょ）　相手の隙をついて攻める。×「うそ」。
- □ 妍を競う　（けん）　女性たちが競い合うように美しいさまを指す言葉。
- □ 縁もゆかりもない　（えん）　まったくつながりがない。
- □ 奇を衒う　（き）　意図的に変わったことをして注目を集めること。
- □ 刃に掛かる　（やいば）　刃物によって殺される。前述のとおり「かたな」ではない。
- □ 鯖を読む　（さば）　数をごまかすこと。魚の数をごまかしたことが語源とみられる。
- □ 管を巻く　（くだ）　酔っ払って、くだらない話を繰り返すこと。
- □ 掌にする　（たなごころ）　思いのままにすること。掌はてのひらの意だが、てのひらと誤読しないように。
- □ 口の端にのぼる　（は）　世間で評判や噂話の種になること。×「はし」。
- □ なす術がない　（すべ）　手段（術）がなく、困り果てているさまを表す。×「じゅつ」。
- □ 根を詰める　（こん）　休みもせず働き続ける。×「ね」。
- □ 分が悪い　（ぶ）　この「分」は優劣の状況という意味で、「分が悪い」は自分にとって形勢がよくない様子。「口ゲンカとなると分が悪い」などという。

●言葉によって、読み方が変化する漢字です。

- □真に受ける　本当にそうだと思う。〔ま〕
- □真に迫る　ひじょうにリアルにみえること。迫真。〔しん〕
- □音に聞く　名前が知れ渡っている。〔おと〕
- □音を上げる　困って弱音を吐くこと。〔ね〕
- □頭が高い　目上に対する態度が横柄なこと。〔ず〕
- □頭を回らす　後ろを振り向くこと。過去を振り返ること。〔こうべ〕
- □臍を噛む　後悔してくやしく思うこと。〔ほぞ〕
- □臍を曲げる　感情を害し、素直な態度をとらなくなること。〔へそ〕
- □杯をもらう　ついでもらった酒を飲む。親分子分の関係を結ぶ。〔さかずき〕
- □杯を重ねる　酒を次々と飲み、杯を空にすること。〔はい〕
- □実もない　中身がないこと。〔み〕
- □実をとる　（名目よりも）実利を得る〔じつ〕
- □空を切る　肩透かしにあうこと。野球では「空振り」の意。〔くう〕
- □空を使う　知らないふりをする。とぼける。〔そら〕

2 教養がチラリと見え隠れする大人の慣用句①

● 難読漢字が含まれる慣用句です。読んでください。

□ **鎬**を削る
〔しのぎ〕激しく争うこと。「鎬」は、刀の刃と峰の間の盛り上がった部分。その鎬が削れるほどに、激しく刀をぶつけ合うことから。

□ **齟齬**を来す
〔そご〕行き違いになること。「齟齬」は食い違いという意。「どうやら、君の弁解も齟齬を来したようだね」など。

□ **黒白**を争う
〔こくびゃく〕事の是非をはっきりさせる。「白黒をつける」とほぼ同じ意味。「裁判で黒白を争う」など。

□ **大鉈**を振るう
〔おおなた〕状況を大きく変えるような思いきった処理をすること。「大鉈を振るってリストラする」など。

□ **蚯蚓**がのたくったような
〔みみず〕下手な字を形容することば。

88

第5章　大人なら読めて当然、使えて当然の慣用句です

- □ **口吻**を洩らす　〔こうふん〕　言葉に心の内側が現れること。「吻」はくちぶりの意。
- □ **灰燼**に帰す　〔かいじん〕　すべてが失われること。「燼」は燃えカス。「大火に遭い、すべてが灰塵に帰す」というように使う。
- □ **笈**を負う　〔きゅう〕　故郷を離れて遊学する。笈は竹で編んだ箱。それに荷物を詰め込んで、故郷を離れたところから。
- □ **大尽風**を吹かせる　〔だいじんかぜ〕　いかにも金があるように振る舞うこと。「大尽」は財産家のこと。
- □ **御託**を並べる　〔ごたく〕　勝手な言い分をくどくどと並べ立てる。「御託」は、「御託宣」の「宣」が抜け落ちたもの。「御託を並べるのも、いいかげんにしろ！」など。
- □ **裃**を脱ぐ　〔かみしも〕　裃は、武士の礼装。それを脱ぐことから、気楽な気分になり、打ち解けるという意。なお「裃」は日本生まれの国字。
- □ **発破**をかける　〔はっぱ〕　強い言葉で励ましたり、煽（あお）ること。「発破」は、鉱山やトンネル工事で爆破するときに使う火薬。「やる気のない部下に発破をかける」など。
- □ **毒気**を抜かれる　〔どっけ〕　気負った気持ちを削がれること。「どっき」と読んでも間違いではない。

- □ 口耳の学　〔こうじのがく〕受け売りの知識。「耳」で聞いたばかりの知識をすぐに「口」から出すことから。

- □ 末期の水　〔まつご〕亡くなる間際、あるいは亡くなってまもない人の口にふくませる水。この場合、「まっき」と読むのは×。

- □ 一札入れる　〔いっさつ〕謝罪文や始末書を相手に差し出すこと。

- □ 平仄が合わない　〔ひょうそく〕物事の筋道が立たないこと。漢詩を作るとき、平声字と仄声字の配列が合わないことから。「その話は平仄が合わないんじゃないですか」など。

- □ 有卦に入る　〔うけにいる〕幸運に恵まれ、よいことが続くさま。「有卦」は陰陽道で運勢が吉運の年回り。

- □ 肝胆相照らす　〔かんたんあいてらす〕心の底まで打ち明けてつきあうこと。「肝胆」は、肝臓と胆嚢。「彼とは肝胆相照らす仲です」など。

- □ 久闊を叙する　〔きゅうかつをじょする〕無沙汰の挨拶をすること。「久闊」は長らく会わないこと、「叙する」は述べること。

- □ 屋上屋を架す　〔おくじょうおく〕無謀なことをたとえる言い方。

③ 教養がチラリと見え隠れする大人の慣用句②

● 読めますか？ 意味がわかりますか？

□ 綺羅、星のごとく 〔きら、ほしのごとく〕 立派な人が大勢いるさま。「綺羅」は、美しい衣服。「きらぼしのごとく」と続けて読むのは誤り。

□ 糊口を凌ぐ 〔ここうをしのぐ〕 なんとか生計を立てること。「糊口」（口に糊する）は、粥をすするという意。「しばらくは糊口を凌ぐしかないね」など。

□ 愁眉を開く 〔しゅうびをひらく〕 心配ごとがなくなり、安心するさま。「愁眉」は、愁いに眉をしかめた表情。

□ 危殆に瀕する 〔きたいにひんする〕 危険な状態に陥ること。「危うい」も「殆うい」も「あやうい」と読む。

□ 釣瓶落とし 〔つるべ〕 まっすぐ早く落ちる様子。秋の日の暮れやすいこと。

- 惻隠の情　〔そくいんのじょう〕　かわいそうに思うこと。「君には惻隠の情ってものがないのかね」など。

- 伝家の宝刀　〔でんかのほうとう〕　いざというときに使うとっておきの切り札。代々家に伝わっている名刀であることから。「伝家の宝刀を抜く」が定番句。

- 相好を崩す　〔そうごうをくずす〕　それまでの表情を変え、ニコニコすること。「相好」は、顔かたちという意。「孫の成長ぶりに相好を崩す」など。

- 這う這うの体　〔ほうほうのてい〕　その場を逃げだすさま。這うようにして逃げるところから、「這う這う」となった。「這う這うの体で退散する」など。

- 干戈を交える　〔かんかをまじえる〕　戦争をすること。「干」は楯、「戈」はほこのことで、「干戈」は戦争を意味する。

- 蒲柳の質　〔ほりゅうのしつ〕　ひよわで病気になりやすい体質。「蒲柳」は弱々しい樹木のカワヤナギのこと。

- 後生畏る可し　〔こうせいおそるべし〕　後から生まれてくる者は、新しい知識や知恵を身につけることになるので、侮ってはいけないという意。なお「後生だから」（お願いだからの意）は「ごしょう」と読む。

- 歯牙にもかけない　〔しが〕　まったく問題にしないこと。

第 5 章　大人なら読めて当然、使えて当然の慣用句です

- □ 蛻けの殻　〔もぬけのから〕　逃げ去ったあとの家や、魂の抜け去った体などを表す。「蛻」は、セミやヘビの脱け殻のこと。
- □ 頤を解く　〔おとがいをとく〕　あごが外れるくらいに大笑いすること。頤は下あごのこと。
- □ 非業の死を遂げる　〔ひごう〕　災難などに遭って天寿を全うすることなく、最期を迎えること。
- □ 雁字搦め　〔がんじがらめ〕　縄などを縦横に厳重に縛ることから、束縛だらけで自由がまったくないさま。
- □ 閑古鳥が鳴く　〔かんこどり〕　お客が来ない状態。閑古鳥はカッコウのこと。「客入りは閑古鳥が鳴くような状態で」など。
- □ 青丹よし　〔あおに〕　「奈良（の都）」にかかる枕詞。奈良で顔料用の青い丹（土）が採れたことから。
- □ 閻魔帳　〔えんまちょう〕　閻魔大王が死者の生前の行いや罪悪を書く帳簿。教師が生徒の成績などを記す手帳の俗称。
- □ 呆気にとられる　〔あっけ〕　予想もつかない出来事に遭遇して、呆れ果てること。
- □ 打って一丸となる　〔いちがん〕　一致団結して事にあたること。
- □ 後朝の別れ　〔きぬぎぬ〕　男女が一夜を共にした翌朝の別れ。

●引き続き、難読漢字が登場する慣用句です。読んでください。

□ **螺子**を巻く　怠けた態度をきちんとさせる。　〔ねじ〕

□ **箍**がはずれる　羽目をはずして大騒ぎになるさま。　〔たが〕

□ **篩**にかける　多くのものの中から、選び出す。　〔ふるい〕

□ **世故**に長ける　世渡りが上手であるさま。　〔せこ〕

□ **二進も三進も**　行き詰ってどうにもならないこと。　〔にっちもさっちも〕

□ **満遍**なく　くまなく行き渡っていること。　〔まんべん〕

□ **埒**があかない　物事がうまく進まないさま。「埒」は馬場の周りにある柵。　〔らち〕

□ **虱潰**しに調べる　漏れのないように調べること。　〔しらみつぶし〕

□ **嫡々**の江戸っ子　血筋が純粋なこと。　〔ちゃきちゃき〕

□ **主**ある花　夫のある女性。妻が夫に従う身であった時代の表現。　〔ぬし〕

□ **終の住処**　人生の最後に住むところ。「終の住処とする」など。　〔ついのすみか〕

□ **棺を蓋う**　人が死ぬこと。「棺のふたを蓋う」という意。　〔かんをおおう〕

□ **口角**泡を飛ばす　口の角から泡を飛ばすように、言い合うという意。　〔こうかく〕

□ **逆鱗**に触れる　目上の人を激しく怒らせること。　〔げきりん〕

□ **掌中**の**珠**　手の中にした珠のように大切にしているという意。　〔たま〕

94

4 教養がチラリと見え隠れする大人の慣用句③

● 読めますか? 意味がわかりますか?

□ **踏鞴**を踏む
〔たたら〕勢いよく向かったが、的が外れ、空足(からあし)を踏むさま。足で踏んで空気を送る「鞴(ふいご)」から来た語。

□ 病**膏肓**に入る
〔こうこう〕物事に熱中しすぎたさま。で、病気がそこに入ると治すのが難しいことから。「膏」は心臓の下、「肓」は横隔膜の上×「こうもう」。

□ **烏有**に帰す
〔うゆう〕すべてなくなってしまうこと。「烏有」は、「烏(いずく)んぞ有(あ)らんや」の意で、まったくないこと。「すべての努力が烏有に帰す」など。

□ 人口に**膾炙**する
〔かいしゃ〕広く知れ渡ること。「膾」はなます、「炙」は炙(あぶ)った肉で、誰もが美味しく感じることから。「人口に膾炙した意見」など。

□ **俗耳**に入りやすい
〔ぞくじ〕世間では受け入れられやすいこと

□ **前轍**を踏む　〔ぜんてつ〕前の人と同じ失敗を繰り返すさま。「前車の轍を踏む」の略。「轍」は車のわだち。

□ **自家薬籠中**の物　〔じかやくろうちゅう〕必要に応じて思いどおりに使えるような物。自分の薬箱にある薬のように、自在に用いることができるという意。

□ **肯綮**に中る　〔こうけい〕急所をつくこと。要点を押さえること。「肯」は肉、「綮」は筋と肉のつなぎ目。そこから物事の急所という意味に。

□ **呱々**の声を上げる　〔ここ〕赤ん坊が母親の腹から生れ落ちたときに上げる声。産声。「戦後民主主義が呱々の声を上げる」など。

□ **膏血**を絞る　〔こうけつ〕「膏」の訓読みは「あぶら」。「膏血」は「あぶらと血」であり、「苦労して得た財産」、さらに「重税」を意味するようになった。

□ **弥猛に逸る**　〔やたけにはやる〕心の猛々しさが募った状態。周囲の状況をわきまえず、闘志ばかりが燃え盛っている心理状態。

□ **苦界**に沈む　〔くがい〕身を売り、遊女になること。「苦界」はもともとは仏教用語で、苦しみの絶えない人間の世界のこと。そこから、遊郭に身を沈めることを表すように。

□ **夢寐**にも　〔むび〕「眠っている間にも」という意。「先生から受けた恩は夢寐にも忘れません」など。

第5章　大人なら読めて当然、使えて当然の慣用句です

☐ **雪を欺く**　〔あざむく〕　女性の肌の白さを表す比喩表現。「雪さえ欺かれてしまうほど白い」という意。「雪を欺くような白い肌」など。

☐ **正鵠を得る**　〔せいこく〕　物事の核心をつく。「正鵠を射る」ともいうが、『広辞苑』は「正鵠を得る」をメインにしている。

☐ **顰に倣う**　〔ひそみにならう〕　人の真似をすることを謙遜していう言葉。中国で、美女が病いから眉を顰（ひそ）めるさまを、村娘たちが真似したことから。

☐ **驥尾に付す**　〔きび〕　後進の者が先達に従って事を成し遂げる。「驥尾」は、駿馬の尾のこと。「私など、先輩方の驥尾に付してまいっただけで」など。

☐ **糟粕を嘗める**　〔そうはくをなめる〕　先人を真似るだけで、進歩がみられないさま。糟粕は酒の粕、そこから精神の抜けたものの比喩に。

☐ **お蚕ぐるみ**　〔かいこ〕　贅沢三昧の身分。蚕は絹を生み出す幼虫であり、そこから「絹物ばかりを着ている身分」を表す。「お蚕ぐるみで育てられたお坊ちゃん」など。

☐ **荊の道**　〔いばらのみち〕　苦難に満ちた人生をたとえていう語。「荊の道を歩く」「荊の道が待ち受ける」など。イバラは「茨」「棘」とも書く。

97

「不」か「無」か、正しいのはどっち?

熟語には、頭に「不」か「無」がついて、否定の意味になる言葉がたくさんあります。以下の言葉には、どちらがつくか、チェックしてみてください。

- □¹ 医村
- □² 意識
- □³ 可避
- □⁴ 造作
- □⁵ 可抗力
- □⁶ 一文
- □⁷ 関心
- □⁸ 謹慎
- □⁹ 寝番
- □¹⁰ 条理
- □¹¹ 害
- □¹² 軌道
- □¹³ 都合
- □¹⁴ 用意
- □¹⁵ 惑
- □¹⁶ 限大
- □¹⁷ 神論
- □¹⁸ 政府
- □¹⁹ 可分
- □²⁰ 頓着

〔答え〕
1 無医村　2 無意識　3 不可避
4 無造作　5 不可抗力
7 無関心　8 不謹慎　9 不寝番
10 不条理　11 無害　12 無軌道
13 不都合　14 不用意　15 不惑
16 無限大　17 無神論　18 無政府
19 不可分　20 無頓着

※なお、以下の言葉は「不」でも「無」でもOK。不精者・無精者、不器用・無器用、不作法・無作法、不調法・無調法。ただし、これらの言葉は、「不」を使うほうが優勢で、ワープロソフトでも「不」のほうが先に出てくることが多いようです。

第6章 日本語の格調を高める四字熟語です

中国語の文章のリズムは「四字一句」が基本。そこから、多数の四字熟語が生まれ、それが日本にも輸入されてきました。そのリズムは日本人の感覚にもよく合い、いまも、多数の四字熟語が使われています。
四字熟語は、故事にルーツをもつ言葉が多いこともあって、物事を格調高く表現できるのが特長。うまく使いこなせば、人をほめるときにも、あるいはけなすときにも、一味違った表現ができるはずです。

1 相手を格調高く批判できる四字熟語

● どういう「批判」かわかりますか？

□ 言語道断

〔ごんごどうだん〕もってのほか。「言語道断な話」「言語道断な振る舞い」など。×げんごどうだん。

- □ 有象無象
- □ 悪口雑言
- □ 人品骨柄
- □ 依怙贔屓
- □ 荒唐無稽
- □ 自業自得
- □ 匹夫之勇
- □ 不倶戴天

〔うぞうむぞう〕 とるにたらない人々という蔑称。「有象無象の言うことなんか、信用ならない」など。

〔あっこうぞうごん〕 思いつくかぎりの悪口。「悪口雑言を浴びせかける」「悪口雑言の限りを尽くす」など。

〔じんぴんこつがら〕 その人に備わっている品性。「彼の人品骨柄を疑わざるをえない」など。

〔えこひいき〕 ある者を特別扱いし、かわいがること。「上司の依怙贔屓ぶりに辟易する」など。

〔こうとうむけい〕 根拠のない、とりとめのない話。「荒唐」はおおげさな話、「稽」は考えること。「荒唐無稽な話はよしたまえ」など。

〔じごうじとく〕 自分の悪い行いの報いを受けること。「彼が落ちぶれたのも自業自得だよ」など。

〔ひっぷのゆう〕 思慮分別を欠き、血気にはやるだけのつまらない勇気。「匹夫」は「教養がない人」のこと。「それは匹夫之勇というものだよ」など。

〔ふぐたいてん〕 「倶(とも)に天を戴(いただ)かず」＝「一緒に生きていることもできない」ほど、恨み憎んでいること。「不倶戴天の敵」が決まり文句。

② 気持ちと状態を表現するのに便利な四字熟語

●どんな気持ちで、どんな状態かわかりますか？

□ **隠忍自重**　〔いんにんじちょう〕　忍耐し、行動を慎むこと。「隠忍自重して機会を待つ」など。

□ **悲喜交々**　〔ひきこもごも〕　喜びと悲しみが交互に訪れること。

□ **隔靴掻痒**　〔かっかそうよう〕　足のかゆいところを靴の上からかくように、もどかしいこと。「隔靴掻痒の感がある」など。

□ **疑心暗鬼**　〔ぎしんあんき〕　一度、疑う気持ちが生まれると、すべてが疑わしく思えるさま。「疑心暗鬼になって決断できない」など。

□ **後生大事**　〔ごしょうだいじ〕　ひじょうに大切にすること。この「後生」は来世の意味。「後生大事に抱え込む」など

- □ 切歯扼腕
- □ 是々非々
- □ 傍若無人
- □ 周章狼狽
- □ 遅疑逡巡
- □ 気息奄々
- □ 喧々囂々
- □ 打々発止
- □ 興味津々

〔せっしゃくわん〕 歯ぎしり（切歯）をしたり、自分の腕をつかむ（扼腕）ほどに、怒ったり、悔しがること。「切歯扼腕して悔しがる」など。

〔ぜぜひひ〕 よいことはよい、悪いことは悪いと個々に判断する。「是々非々で取り組む」など。

〔ぼうじゃくぶじん〕 人のことを考えず、勝手にふるまうさま。「傍若無人な振る舞いに迷惑する」など。

〔しゅうしょうろうばい〕 うろたえ、あわてふためくこと。「周章」も「狼狽」も、うろたえることを意味する。

〔ちぎしゅんじゅん〕 物事を疑ったり、判断に迷って、ためらうこと。「遅疑逡巡していると、タイミングを失うぞ」など。

〔きそくえんえん〕 息が絶え絶えなさま。

〔けんけんごうごう〕 多くの人が騒ぎたてる様子。議論の形容につかう。「侃々諤々」と混同しないように。
（かんかんがくがく）

〔ちょうちょうはっし〕 活発に互角に戦うさま。「丁々発止」とも書く。

〔きょうみしんしん〕 たいへん興味があること。「津々」は、次々と（興味が）湧いてくることの形容。

102

❸ 相手をほめるときに重宝する四字熟語

●格調高くほめるのに便利な四字熟語です。読んでください。

□ 欣喜雀躍

〔きんきじゃくやく〕 スズメがはねるように、小躍りするほどに大喜びすること。

□ 天衣無縫

〔てんいむほう〕 天真爛漫なこと。もとは詩歌の表現が自然で、技巧をこらしたあとがないことのたとえ。「天衣無縫なキャラクター」など。

□ 明眸皓歯

〔めいぼうこうし〕 美人のたとえ。「明眸」は美しい目もと、「皓歯」は「白く美しい歯」。

□ 融通無碍

〔ゆうずうむげ〕 滞らせることなく、ものごとを進め、適切に対応すること。「碍」は「さまたげ」という意味。

□ 率先垂範

〔そっせんすいはん〕 人に先駆けて、手本となる例を示すこと。

- □ 莫逆之友　〔ばくぎゃくのとも〕　親密で信頼できる友。「ばくげきのとも」とも読む。
- □ 白砂青松　〔はくしゃせいしょう〕　浜辺の美しい風景の形容。白い砂浜と青々とした松。
- □ 文人墨客　〔ぶんじんぼっかく〕　文章や書画にすぐれた趣味人。「文人墨客が集まるサロン」など。
- □ 泰然自若　〔たいぜんじじゃく〕　ゆったり落ち着いている様子。
- □ 大願成就　〔たいがんじょうじゅ〕　大きな願いがかなうこと。「大願成就、おめでとうございます」など。
- □ 順風満帆　〔じゅんぷうまんぱん〕　順風(追い風)を受けた船がよくすすむように、物事が順調にすすむという意味。×「まんぽ」。
- □ 臥薪嘗胆　〔がしんしょうたん〕　長い間、悔しい思いを忘れず試練に耐えること。『史記』の故事より。明治時代の三国干渉後、ロシアに対する国民的スローガンのように使われた。
- □ 虚心坦懐　〔きょしんたんかい〕　先入観をもたず、わだかまりのない気持ちで、ものごとに臨む心境。「虚心坦懐に申し上げます」など。
- □ 不撓不屈　〔ふとうふくつ〕　どんな困難にも負けないこと。「不撓」は「たわまない」、不屈は「くじけない」という意味。「不撓不屈の精神で挑む」など。

4 できる大人ならマスターしておきたい四字熟語①

●覚えておきたい四字熟語ばかりです。読んでください。

□ 物見遊山　〔ものみゆさん〕見物しながら遊ぶこと。この「山」は、もとは山号をもつ寺院のこと。

□ 上意下達　〔じょういかたつ〕上の命令が下に伝わること。×「げたつ」。

□ 門戸開放　〔もんこかいほう〕（貿易などの）出入りを自由にすること。×「もんと」。

□ 画竜点睛　〔がりょうてんせい〕最後の重要な仕上げ。描いた竜に最後に目を入れたところ、天にのぼっていったという故事から。「画竜点睛をかく」など。

□ 津々浦々　〔つつうらうら〕あらゆる所。「津」は港、「浦」は海岸という意味。「全国津々浦々まで」など。

□ 旗幟鮮明　〔きしせんめい〕立場をはっきりさせること。「幟」はのぼり。「旗幟を鮮明にする」と慣用句型でも使う。

□ 空中楼閣　〔くうちゅうろうかく〕土台のない建物のような、根拠のない話や計画。

□ 群雄割拠　〔ぐんゆうかっきょ〕さまざまな者が勢力を争い、対立すること。中国古代の戦国時代、各地の君主が割拠して競い合ったことから。

□ 甲論乙駁　〔こうろんおつばく〕議論は活発なものの、結論が出ないさま。甲が論じれば、乙が反論するという意味。

□ 虎視眈々　〔こしたんたん〕野望を抱いた者がじっと機会をうかがうこと。虎が獲物を狙う様子から。「チャンスを虎視眈々と狙う」など。

□ 森羅万象　〔しんらばんしょう〕存在するすべてのもの。「森羅」は「無限に並ぶこと」、「象」は「かたちあるもの」。

□ 杯盤狼藉　〔はいばんろうぜき〕酒宴の乱れ果てた様子を表す語。酒席のあと、杯や皿などの食器が散らかっている様子から。

□ 矛盾撞着　〔むじゅんどうちゃく〕話のつじつまが合わないこと。「撞着」はつきあたること、行き詰まること。

5 できる大人ならマスターしておきたい四字熟語②

●知っておきたい四字熟語ばかりです。読んでください。

□ 門前雀羅

〔もんぜんじゃくら〕 門の前に雀捕りの網を張れるほどに、寂れている様子。誰も訪れる人がいないので、網を張れるというわけ。こちらは、大勢の人が詰めかけている様子と混同しないように。なお、「門前市をなす」と混同しないように。

□ 天地神明

〔てんちしんめい〕 天地の数多くの神々。「天地神明に誓って」が決まり文句。

□ 白河夜船

〔しらかわよふね〕 熟睡し、何かが起きても気づかずにいること。この「白河（白川）」は京都の地名。

□ 中肉中背

〔ちゅうにくちゅうぜい〕 太りすぎでもやせすぎでもない、背も高からず低からずといった体型。

□ 祥月命日

〔しょうつきめいにち〕 故人が死去した月日と、同じ月日。

□ 曖昧模糊

〔あいまいもこ〕 ぼんやりして、はっきりしない様子。「曖昧模糊とした答弁」など。

- □ 外様大名　〔とざまだいみょう〕 関ヶ原の戦い以降に、徳川家に従った大名。比喩的に組織内の傍系を「外様」と呼ぶ。

- □ 合従連衡　〔がっしょうれんこう〕 時々の情勢に応じて、同盟を結んだり離反したりする策。古代中国で、強国・秦に対抗する同盟策「合従」と、秦と個別同盟を結ぶ「連衡」策があったことから。

- □ 焚書坑儒　〔ふんしょこうじゅ〕 秦の始皇帝が行った思想弾圧。書を焼き、儒者が殺された。暴政の代名詞。

- □ 不羈奔放　〔ふきほんぽう〕 周囲に左右されず、自由にふるまうこと。「羈」は「つなぐ」と訓読みする。「不羈奔放な性格」など。

- □ 疾風迅雷　〔しっぷうじんらい〕 疾い風と激しい雷。そこから、すばやく激しいさまのたとえ。

- □ 金城湯池　〔きんじょうとうち〕 金でできた強い城と熱湯のたぎる池。つまりは、守りのかたい城のこと。「〇〇県は、うちの会社にとって金城湯池だ」など。

- □ 阿鼻叫喚　〔あびきょうかん〕 阿鼻地獄に落ちた者が苦痛の余りあげる叫び声。そこから、むごたらしい様子。「阿鼻叫喚の巷（ちまた）」など。

第6章　日本語の格調を高める四字熟語です

□ 行雲流水
〔こううんりゅうすい〕　雲や水のように成り行きにまかせること。

□ 怨憎会苦
〔おんぞうえく〕　仏教でいう人間の八つの苦しみの一つ。憎い相手とも会わなければならない苦しみのこと。

□ 会者定離
〔えしゃじょうり〕　仏教で人生の無常を説く言葉。出会った人とも必ず別れるときがくるという意。

□ 偕老同穴
〔かいろうどうけつ〕　夫婦が仲睦まじく連れ添うこと。生きているときは偕（とも）に老い、死後は同じ墓「同穴」に入るという意。

□ 意馬心猿
〔いばしんえん〕　馬や猿がうるさく騒ぐように、妄執や煩悩にとらわれた人は心の騒ぎを抑えられないことのたとえ。

□ 女人禁制
〔にょにんきんぜい〕　寺院などに女性が入るのを禁ずること。「きんせい」とも読む。「女人禁制の大相撲の土俵」など。

□ 異口同音
〔いくどうおん〕　口をそろえて言うこと。「異句同音に反対する」など。「異口同音」と誤記しないように。「異口同音」など。

□ 手練手管
〔てれんてくだ〕　人を思いどおりにする技術。「手練手管にしてやられる」など。

6 数字が登場する四字熟語

● 数字が登場する四字熟語をまとめました。読んでください。

□ **一陽来復**
〔いちようらいふく〕 冬至の時期、陰が極まると陽に戻りはじめることから、悪いことが続いたあとには良いことがめぐってくるという意に。

□ **一言一句**
〔いちごんいっく〕 わずかな言葉。「一言一句にこだわる」「一言一句に厳しい」など。

□ **一日千秋**
〔いちじつせんしゅう〕 一日を千年に感じるほど、待ち遠しいという意。この「秋」は一年を指す。「一日千秋の思い」など。

□ **十中八九**
〔じっちゅうはっく〕 ほとんど。×「じゅっちゅう」。

□ **一朝一夕**
〔いっちょういっせき〕 短い時間。「一朝一夕には解決しない」など。×「いちょうゆう」。

第6章　日本語の格調を高める四字熟語です

□ **贅沢三昧**
〔ぜいたくざんまい〕　贅沢の限りを尽くすこと。

□ **一期一会**
〔いちごいちえ〕　一生に一度。茶会の心得に由来する言葉。

□ **十人十色**
〔じゅうにんといろ〕　人はそれぞれに違うこと。×「とにんといろ」。

□ **百鬼夜行**
〔ひゃっきやこう〕　鬼や妖怪が夜中に行列をつくって歩くことから、大勢の者が奇怪な行動をとること。

□ **緊褌一番**
〔きんこんいちばん〕　心をひきしめて、事に当たること。「ここは緊褌一番、がんばりますよ」など。

□ **胸突八丁**
〔むなつきはっちょう〕　山道で険しい急な坂。そこから、物事を成し遂げる際に難関となるところ。「胸突八丁にさしかかる」が定番表現。

□ **六韜三略**
〔りくとうさんりゃく〕　虎の巻。もとは古代中国の兵法書『六韜』と『三略』。

□ **鎧袖一触**
〔がいしゅういっしょく〕　鎧の袖で触れる程度のたやすさで、敵を打ち負かすこと。「鎧袖一触の勢い」など。

□ **乾坤一擲**
〔けんこんいってき〕　運命をかけた一か八かの大勝負。「乾坤」は卜占（ぼくせん）で陰陽の両極、「擲」はサイコロを振ること。「乾坤一擲の戦い」など。

□ **朝三暮四**
〔ちょうさんぼし〕　目先の差にとらわれ、結果は同じになることに気づかないたとえ。

- □ 笑止千万　〔しょうしせんばん〕　話にならないほどおろかな言動。

- □ 海千山千　〔うみせんやません〕　裏も表も知る抜け目ない人。海で千年、山で千年生きた蛇が竜になるという伝説から。

- □ 一網打尽　〔いちもうだじん〕　悪人一味などを一挙に捕らえること。一度打った網で、すべての魚を捕ることから。

- □ 傍目八目　〔おかめはちもく〕　はたで見ている第三者のほうが物事のよしあしがわかるという意。もとは囲碁用語。「岡目八目」とも書く。

- □ 三位一体　〔さんみいったい〕　三つのものが一つになること。キリスト教の言葉に由来。

- □ 九分九厘　〔くぶくりん〕　百のうち九十九。「九分九厘、間違いない」など。×「きゅうぶきゅうりん」。

- □ 知行合一　〔ちこうごういつ〕　陽明学の言葉。知っている知識は実践しなければならないという意。

- □ 一瀉千里　〔いっしゃせんり〕　物事が早く進むこと。「瀉」とは水が流れること。川の水がたちまち千里の距離を流れるから。

- □ 千篇一律　〔せんぺんいちりつ〕　変わり映えしないこと。面白みに欠けること。

第6章　日本語の格調を高める四字熟語です

● とにかく数字で溢れている四字熟語の世界。□のなかに正しい数字を入れられますか？

□騎当千　□律背反　□穀豊穣　□古不易

□臓□腑　□根清浄　□軍万馬　□堂伽藍　永字□法

□方美人　面壁□年　□年一日　読書□遍　□家争鳴

□日天下　冷汗□斗　□書五経　七転□倒　四通□達

〔答え〕
一騎当千　二律背反　五穀豊穣　千客万来　万古不易
五臓六腑　六根清浄　千軍万馬　七堂伽藍　永字八法
八方美人　面壁九年　十年一日　読書百遍　百家争鳴
三日天下　冷汗三斗　四書五経　七転八倒　四通八達

column 4 どちらを書いてもいい漢字

漢字の書き方は、時代によって移り変わります。以下は、先にあげたほうが、いまでは主流の書き方。後ろのほうは、かつて主流だった書き方です。

あによめ → 兄嫁・嫂
いこじ → 意固地・依怙地
いやみ → 嫌味・厭味
おんぎ → 恩義・恩誼
かいり → 海里・浬
こうさてん → 交差点・交叉点
きふ → 寄付・寄附
さばく → 砂漠・沙漠
さんか → 賛歌・讃歌
にっしょく → 日食・日蝕
ひかげ → 日陰・日蔭
ひょうさつ → 表札・標札
ようがん → 溶岩・熔岩

全体に、簡単な漢字を使う方向にシフトしているようです。

第7章　故事成句とことわざはキチンと覚えることが重要です

できる大人なら、基本的教養として、代表的な故事成句とことわざくらいは、おさえておきたいところ。ただ、これらも慣用句と同様、定型句なので、一文字間違えるだけでも、恥をかくことになりかねません。意味もしっかりおさえながら、しっかり読みこなしてください。

1 常識として知っておきたい代表的な故事成句

● おさえておきたい故事成句です。意味もしっかりおさえてください。

□ 竹馬の友
　〔ちくば〕 幼なじみ。子供の頃、ともに竹馬に乗って遊んだ友だち。

□ 登竜門
　〔とうりゅうもん〕 立身出世のための関門。中国黄河の「竜門」を上った鯉は竜になるという伝説から。×とりゅうもん。

□ 杞憂
　〔きゆう〕不必要なに取り越し苦労をすること。古代中国の杞国の人々が「空が落ちてくる」と心配したという故事から。

□ 鼎の軽重を問う
　〔かなえ〕統治者の能力を疑い、その地位を脅かすこと。楚の王が周を軽んじ、周室の宝器である鼎の軽重を問うたという故事から。

□ 青天の霹靂
　〔へきれき〕突然の大事件や事故から受ける衝撃。晴れ渡った青空（青天）から突然雷（霹靂）が落ちてくるという意。

□ 洛陽の紙価を高める
　〔らくようのしかをたかめる〕本の売れ行きのよいことのたとえ。中国・晋の時代、ある詩人が作った詩を書き写す人が多く、洛陽の紙の値段が高くなったという故事から。

□ 髀肉の嘆
　〔ひにくのたん〕活躍の機会がないことを嘆くこと。中国の三国時代、劉備が戦場に出向く機会がなく、髀肉に無駄な肉がついたと嘆いたことから。

□ 李下に冠を正さず
　〔りか〕李の木の下で冠の具合を直すと、李を盗むのではないかと疑われかねない、という意味。そこから、人に疑いをもたれるような行動は避けたほうがいい、という戒めの言葉。

□ 泣いて馬謖を斬る
　〔ないてばしょくをきる〕処分するに惜しい人物でも、全体の規律を守るために処分することのたとえ。諸葛孔明が腹心の臣・馬謖の失敗を責め、処刑したことから。

116

第7章　故事成句とことわざはキチンと覚えることが重要です

□ **隗より始めよ**
〔かいよりはじめよ〕　大事業をなすには、まずは身近なところから始めよというたとえ。隗という人が王に「人材を得るには、自分のような凡才から採用せよ」と説いた故事に由来。

□ **三顧**の礼
〔さんこ〕　何度も足を運んで礼を尽くし、大役を引き受けてもらうこと。後に蜀の皇帝となる劉備が、諸葛孔明の庵を三度訪ね、軍師に招いたことから。

□ 危急存亡の**秋**
〔とき〕　生き残るか滅びるかの瀬戸際。「秋」を「とき」と読むのは、「秋」が収穫の成果を決める重要な「時」なので。

□ **出藍**の誉れ
〔しゅつらん〕　弟子のほうが師匠よりも優れていること。「青は藍より出でて藍より青し」と同じ意味。

□ **九牛**の一毛
〔きゅうぎゅう〕　ものの数にも入らないほど、とるにたらないこと。「多くの牛のうちの一本の毛」の意から。

□ **出師**の表
〔すいし〕　「出師」（出兵）の名分を書き著した文章。諸葛孔明が憂国の思いを秘めて書いた忠誠心あふれる名文から。

□ 砂上の**楼閣**
〔ろうかく〕　長続きしないことや実現不可能なこと。砂の上に建物を建てても、基礎がきちんとしないため、脆い建物になることから。

2 読めるだけで一目おかれる故事成句

●ちょっとハイレベルな故事成句です。意味もしっかりおさえてください。

□ 俎上の魚 〔そじょう〕 相手の思うままにまかせるしかない運命のたとえ。「俎上」は、まないたの上。

□ 綸言汗の如し 〔りんげん〕 天子の言葉は、出た汗が体内に戻らないように、取り消すことはできないという意。「綸言」は天子の言葉。

□ 斗酒なお辞せず 〔としゅなおじせず〕 大酒を飲むこと。「斗酒」は一斗の酒。

□ 城下の盟 〔じょうかのちかい〕 敵に自領の城近くまで攻め込まれ、やむなく結んだ講和。

□ 喪家の狗 〔そうかのいぬ〕 やつれて元気のない人のたとえ。家が喪中だと、犬は満足に餌をもらえなくなり、元気がなくなるところから。

第7章 故事成句とことわざはキチンと覚えることが重要です

□ **亡羊の嘆**　〔ぼうようのたん〕学問の道はさまざまに分かれていて、真理にたどりつきにくいことのたとえ。逃げた羊を追ったものの、道が多岐に分かれ、見失ったことから。

□ **管鮑の交わり**　〔かんぽうのまじわり〕厚い友情のたとえ。管仲と鮑叔牙が幼少のころから生涯変わらない友情を保ったところから。

□ **兵は詭道なり**　〔きどう〕軍略は敵の裏をかくことにあるという教え。孫子が著した『兵法』の根幹をなす言葉。

□ **奇貨居くべし**　〔きか〕めったにない機会だから、うまく利用しなければならないという意。

□ **囊中の物**　〔のうちゅう〕簡単にできることのたとえ。「囊」(袋)の中を探すようにたやすいという意。

□ **亡憂の物**　〔ぼうゆう〕「酒」の異称。憂いを忘れさせてくれる物という意。

□ **妲己**　〔だっき〕悪女、毒婦の代名詞。妲己は、殷の紂王(ちゅうおう)の后。残虐の限りを尽くす、紂王の傍らで、ともに楽しそうに眺めていたと伝えられる。

□ **椽大の筆**　〔てんだい〕「椽」は屋根を支える「垂木(たるき)」のことで、椽大の筆は「とんでもなく大きな筆」。そこから、立派な文章、スケールの大きな文章をほめる言葉に。

- □ 殷鑑遠からず 〔いんかん〕 悪い手本（鑑）はすぐ近くにあるという意味。殷の紂王は暴政を尽くし、周の武王に滅ぼされた。殷の前王朝の夏の桀王も、悪政によって国を滅ぼした。殷の紂王は悪例がすぐそばにあったのに、同じ轍を踏んだことから。

- □ 黄泉の客 〔よみ〕 死者のこと。中国では、黄色は大地を表す色とされ、「黄泉」は地下にある泉、そこから死の国を表わすようになった。

- □ 琴柱に膠す 〔ことじににかわす〕 融通がきかないさま。琴の演奏では、琴柱を移動させて音の高低を調節するのに、膠で固定すると調節がきかなくなることから。

- □ 会稽の恥を雪ぐ 〔すすぐ〕（敗戦の）屈辱を晴らす。中国の春秋時代、越王の勾践は、会稽山で呉王の夫差と戦ったが、敗れ、夫差の家来になった。勾践はその生き恥に耐えながら、ひそかに武力をたくわえ、二十年余り後、夫差を攻め滅ぼした故事から。

- □ 鼎の沸くような騒ぎ 〔かなえ〕 沸騰するような騒ぎ。「鼎」は、三本足の食べ物を煮る容器。そこから、ぐつぐつと煮えくり返るような騒動という意味に。

- □ 衆寡敵せず 〔しゅうか〕 少数（寡）では多数（衆）にかなわないということ。

- □ 邯鄲の夢 〔かんたんのゆめ〕 栄枯盛衰のはかないたとえ。青年が邯鄲の町でまどろみ、五十年に及ぶ夢を見たが、じつは粟を炊くわずかな時間だったことから。

3 日本語をもっと楽しむための「ことわざ」①

●続いて、ことわざ。悩ましい漢字が登場する言葉ぞろいです。

□ 子は鎹　〔かすがい〕　子供は夫婦の仲をつなぐ「鎹」のような存在という意味。「鎹」は木材と木材をつなぐコの字形の釘。『子は鎹』という題名の落語の人情噺もある。

□ 痘痕も笑窪　〔あばたもえくぼ〕　醜いとされる痘痕も、好きな人には笑窪のようにチャーミングに見えるように、贔屓目に見れば欠点も長所に見えるという意。

□ 羹に懲りて膾を吹く　〔あつもの〕〔なます〕　吸い物（羹）の熱さに懲りて、冷たい膾まで吹いてしまうように、何かに懲りて、慎重になりすぎてしまうこと。

□ 鬼の霍乱　〔かくらん〕　ふだんは病気をしたことない人が、めずらしく病気になることのたとえ。強い鬼が暑気あたり（＝霍乱）になるという意から。

□ 氷炭相容れず　〔ひょうたんあいいれず〕　性質がまったく違って合わないこと。

- □ 鑿と言えば槌

 〔のみ〕〔つち〕 気がきくことのたとえ。鑿を取ってくれと言うと、鑿を打つのに必要な槌も一緒に出てくるほど、気がきいているという意。

- □ いずれ菖蒲か杜若

 〔あやめ〕〔かきつばた〕 どちらもすばらしくて甲乙つけがたいの意。ともに初夏に花を咲かせ、区別がつきにくいほどよく似ていることから。

- □ 磯の鮑の片思い

 〔あわび〕 片思いのたとえ。鮑が一枚貝であることを「相手がいない男女」にたとえた。

- □ 雨後の筍

 〔たけのこ〕 大量に現れること。生長力の強い筍が、雨の降った後には土中から大量に顔を出すことから。

- □ 驕る平家は久しからず

 〔おごる〕 栄華を極め、驕った者は、その地位を長く保てず、やがて滅びるときがくるという意。『平家物語』冒頭の言葉の変形。

- □ 小田原評定

 〔ひょうじょう〕 長引くだけで、結論や成果の出ない会議や話し合い。豊臣秀吉が小田原の北条氏を攻めたときの北条氏側の対応から。

- □ 毛を吹いて瑕を求める

 〔きず〕 人の欠点を探しだそうとして、かえって自分の欠点をさらけ出すことになるという意。

- □ 栴檀は双葉より芳し

 〔せんだん〕 大成する人は幼い頃から抜きん出ているという意。芽生えた頃から高い香気を放つことから。この「栴檀」は香木の「白檀」の別名で、

第7章 故事成句とことわざはキチンと覚えることが重要です

□ **蓼**食う虫も好き好き

□ **廂**を貸して母屋を取られる

□ **瓢箪**から駒

□ 身から出た**錆**

□ 憎まれっ子世に**憚る**

□ 二足の**草鞋**を履く

□ 人の**褌**で相撲を取る

〔たで〕 人の好みはさまざまという意。「蓼」のような辛味のある植物にも寄りつく虫がいるところから。

〔ひさし〕 一部を貸したばかりに、やがて全部を奪われてしまうことのたとえ。この「廂」は、本来は「軒」という意ではなく、寝殿造りの建物で、「母屋」の周辺にある部屋のこと。

〔ひょうたん〕 思いもよらないことが起きたり、意外なところから意外なものが表れることのたとえ。おもちゃの「独楽」ではなく、「駒」(馬のこと)と書かなければ間違い。

〔さび〕 自業自得であることのたとえ。この「錆」は、錆が出て台無しになるような"悪い結果"を比喩的に表したもの。

〔はばかる〕 人から憎まれるくらいの人間のほうが、世間では幅を利かせるものという意味。

〔わらじ〕 一人の人が二つの職業につくこと。江戸時代、裏世界の事情に通じた博徒が十手を預かることがあったことに由来するとみられる。

〔ふんどし〕 人の地位やものを利用して、自分の利益になるように振る舞うこと。

4 日本語をもっと楽しむための「ことわざ」②

●悩ましい漢字が登場する言葉ぞろいです。読んでください。

□ 目の上の瘤
〔こぶ〕 自分よりも地位や実力が上の者が邪魔になることたとえ。

□ 帯に短し襷に長し
〔たすき〕 中途半端で役立たない。帯にするには短すぎるし、襷にするには長すぎるというところから。

□ 山椒は小粒でぴりりと辛い
〔さんしょう〕 体は小さくても、能力がある人の形容。

□ 三人寄れば文殊の知恵
〔もんじゅ〕 平凡な人間でも三人集まればいい知恵が浮かぶという意。「文殊の知恵」は、仏の中でも最も知恵があるとされる文殊菩薩の知恵という意味。

□ 袖振り合うも他生の縁
〔たしょう〕 人との縁は大事にしなければならないという意。この世で起こることは、他生（前世と来世）の宿縁によって起きるという考え方から。

□ 垢も身の内
〔あか〕 長風呂で、体を不必要なまでに丁寧に洗う人を冷やかす言葉。

124

第7章　故事成句とことわざはキチンと覚えることが重要です

- □ **伊達**の薄着
- □ 角を**矯めて**牛を殺す
- □ **糠**に釘
- □ **暖簾**に腕押し
- □ 坊主憎けりゃ**袈裟**まで憎い
- □ 元の**木阿弥**
- □ **破れ鍋**に綴じ蓋
- □ **百足**の仕度

〔だて〕　やせ我慢して薄着し、恰好をつけるという意。

〔ためて〕　ささいな欠点にこだわり、長所を損なってしまうという意。中国の古書『玄中記』の故事に由来する。

〔ぬか〕　効果がないことのたとえ。忠告や意見を聞き入れてもらえないことのたとえ。米糠に釘を打ち込んだところで、効果も手ごたえもないところから。

〔のれん〕　手ごたえも張り合いもない状況のたとえ。

〔けさ〕　相手を憎むあまり、その人間に関係するものすべてが憎くなること。

〔もくあみ〕　努力や苦労が無駄になり、元の状態に戻ってしまうことのたとえ。「木阿弥」は、戦国時代、武将の影武者をつとめた僧の名前という説がある。

〔われなべ〕　どんな鍋にもそれにふさわしい蓋があるという意味。そこから、どんな人にもそれにふさわしい相手がいるという意味で使われる。「綴じ蓋」は壊れた部分を修繕した（綴じた）蓋のこと。

〔むかで〕　のろのろと準備に手間取ることのたとえ。「百足」が旅支度を始めたとしたら、多数の草鞋をはくのに時間がかかるだろうというシャレ言葉。

125

- □ 雨垂れ石を**穿つ**

  〔うがつ〕 地道に努力すれば、やがては成功につながるという意。雨垂れでも、長い年月の間には、石に穴をあけるところから。

- □ 勝って**兜**の緒を締めよ

  〔かぶと〕 成功しても油断してはならないという戒め。

- □ 口は**禍**の門

  〔わざわい〕 言葉に気をつけないと、思わぬ禍を招くことがあるという戒め。

- □ 亭主の好きな赤**烏帽子**

  〔えぼし〕 家長の言うことは、たとえ非常識でも通ることのたとえ。烏帽子はふつう黒塗りだが、一家の主人が赤を好めば、家族は従わざるを得ないという意。

- □ **紺屋**の白袴

  〔こうや〕 人のことで忙しく、自分のことをできないことのたとえ。「医者の不養生」と同じ意味。「紺屋」は染物屋のこと。「こんや」とも読む。

- □ **裃**を着た盗人

  〔かみしも〕 職権を利用して私服を肥やす役人。「裃」は、江戸時代の武士の正装。そこから、権力・権威のシンボルに。

- □ 太鼓も**撥**の当たりよう

  〔ばち〕 こちらの出方によって、相手の反応が変わること。太鼓の音は、撥の当て方によって大きく変わることから。

- □ **竈**の下の灰まで

  〔かまど〕 家の中の物は残らずすべて。「竈の下の灰まで持っていく」といえば、借金取りなどが家の中のものすべてを運び出すこと。

人に使うと失礼になる五大ことわざ

※次の五つのことわざは、自分のことには使えても、人に対して使うと、失礼になる代表的な言葉。ご注意のほど。

□ **猿も木から落ちる**——相手を「猿」にたとえることになるので、「先輩が失敗するなんて、まさしく猿も木から落ちるですね」などと、人に対して使うことはできない。相手を褒めるつもりなら「弘法も筆の誤り」のほうを用いたい。

□ **鳶が鷹を生む**——子供（鷹）を褒めても、親（鳶）をけなすことになってしまうので、人に対しては使えない。

□ **蛙の子は蛙**——親子そろって「蛙」のようなとるに足らない存在ということになるので、使えない。

□ **枯れ木も山の賑わい**——相手を「枯れ木」にたとえることになるので使えない。

□ **団栗の背比べ**——「どんぐり」は平凡なもののたとえなので、相手を凡庸な者の集まりといっていることになってしまう。

5 動物が主役をつとめる「ことわざ」

●読めますか？ 意味はわかりますか？

□ **蟷螂**の斧 〔とうろう〕 自分の弱さをわきまえずに、強敵に立ち向かうことのたとえ。「蟷螂」の訓読みは「カマキリ」。

□ 月と**鼈** 〔すっぽん〕 形は一見似ているようでも、大きな違い、大差があるという意。

□ **雑魚**の魚交じり 〔ざこのととまじり〕 大物の中に場違いな小物が混じっていることのたとえ。

□ 商いは牛の**涎** 〔よだれ〕 商売は気長につづけるのが大事という意。

□ 後の**雁**が先になる 〔かり〕 後から来た者に追い越されること。

□ **虻蜂**とらず 〔あぶはち〕 虻と蜂の両方をとろうとすると、どちらもとれないところから、「二兎を追う者、一兎をも得ず」と同じ意味。

□ **鼬**の最後っ屁 〔いたち〕 難を逃れるために最後の非常手段に出ること。

第7章　故事成句とことわざはキチンと覚えることが重要です

□ **鰯**の頭も信心から
〔いわし〕つまらない宗教などを頑なに信じ込んでいる人を笑う言葉。「いわし」の頭のようなものでも、御利益があると思う人には、信仰の対象になるという意。

□ **鵜**の目**鷹**の目
〔う〕〔たか〕モノを探す鋭い目つき。鵜が水中で、鷹が高い所から、目敏く獲物を発見することから。

□ **蚤**の夫婦
〔のみ〕夫よりも妻のほうが大柄な夫婦。蚤は、メスの方がオスより大きいことから。

□ 虎を**野**に放つ
〔の〕力のある者を自由にさせること、あるいは危険なものを放置することのたとえ。この「野」を「や」と読まないように。

□ **蛇**の道は**蛇**
〔じゃ〕〔へび〕同類の者は、事情をよく知り合っていることのたとえ。「じゃ」は大蛇のことで、大蛇の通る道は同類の小さな蛇がよく知っているという意。

□ 柳の下に**泥鰌**は居らぬ
〔どじょう〕同じ方法で、いつもうまくいくとは限らないことのたとえ。

□ **蟹**は甲羅に似せて穴を掘る
〔かに〕人はそれぞれの身分や能力に応じた願望を抱き、行動をとるものという意。蟹が甲羅のサイズに合わせた穴を掘るところから。

第8章 思わぬところで恥をかく中級レベルの漢字です

このレベルは、読めないと、思わぬところで恥をかくおそれがあります。キッチリ確認しておきましょう。

1 スラスラ読みたい大人の漢字①

●見た瞬間に読みこなしてほしい漢字です。

□ 凝視 〔ぎょうし〕 じっと見つめる。目を凝らす。「敵陣を凝視する」など。

□ 喧伝 〔けんでん〕 広く言いふらすこと。「世間に喧伝する」など。「喧しい」と読む。「宣伝」と混同しないように。

□ 播種 〔はしゅ〕 作物の種子を田畑にまくこと。×「ばんしゅ」。「播く」で「まく」と読む。

第8章　思わぬところで恥をかく中級レベルの漢字です

□ 搦手
□ 間隙
□ 灼熱
□ 稜線
□ 権高
□ 迂遠
□ 完膚
□ 飢饉

〔からめて〕　城の裏門や陣地の後ろ側。比喩的に弱点という意味で使う。「搦手から攻める」「搦手から批判する」など。

〔かんげき〕　空間的、時間的なすき間のこと。「間隙を突く」は敵陣などにふとできた隙間を突くこと。「間隙が生じる」など。

〔しゃくねつ〕　焼けて、ひじょうに熱くなること。「灼熱の太陽」「灼熱地獄」など。「灼く」で「やく」と読む。

〔りょうせん〕　山の尾根。峰から峰へと続く線。「稜線をたどる」など。「稜」は「かど」と訓読みする。

〔けんだか〕　相手を見下した傲慢な態度。「権高な性格が直らない」など。

〔うえん〕　まわりくどい。「迂遠な話」「迂遠な計画」など。もとは、道が曲がりくねっているという意。

〔かんぷ〕　傷のない完璧な皮膚のこと。「完膚なきまで」は、「無傷の肌（箇所）がなくなるほど、徹底的に」という意。

〔ききん〕　農作物の収穫が少なく、食料不足に陥った状態。「天明の大飢饉」「水飢饉」など。

□ 和洋折衷　〔わようせっちゅう〕　日本のものと西洋のものを合わせること。この「衷」には、かたよらずに中をとるという意味がある。

□ 教唆　〔きょうさ〕　他者をそそのかすこと。けしかけること。「犯罪教唆」など。

□ 教鞭　〔きょうべん〕　かつて教師が持っていた鞭。「教鞭を執（と）る」は「教職につく」という意。

□ 愚弄　〔ぐろう〕　人をみくびって、馬鹿にすること。「人を愚弄するのもいいかげんにしろ」など。「弄ぶ」は「もてあそぶ」と読む。

□ 鯨飲　〔げいいん〕　鯨が水を飲むように、酒をがぶがぶと飲むこと。「鯨飲馬食」など。

□ 獣道　〔けものみち〕　獣の通り道。獣が山中を行き来するうち、自然にできた道。『けものみち』は松本清張の小説。

□ 咆哮　〔ほうこう〕　猛獣などが大声で吠える。その叫び声。比喩的に「大砲が咆哮する」などとも使う。「咆える」「哮える」、ともに「ほえる」と読む。

□ 媚態　〔びたい〕　人に媚びへつらうような態度。女性が男性に示すなまめかしい態度。「媚態を示す」など。

第8章 思わぬところで恥をかく中級レベルの漢字です

● 中級レベルの熟語です。読んでください。

□ 花卉　観賞用に栽培された植物。「卉」は「くさ」と訓読みする。〔かき〕

□ 稚気　子供っぽい様子や気分。おさなげな様子。「稚気愛すべし」など。〔ちき〕

□ 僅差　わずかの差。「僅差の戦い」など。〔きんさ〕

□ 焦眉の急　火が眉を焦がすほどに、切迫しているさま。〔しょうび〕

□ 好餌　人を誘い寄せる手段。「好餌を与える」など。〔こうじ〕

□ 傘寿　数え年八〇歳。傘の略字「仐」が八十と読めることから。〔さんじゅ〕

□ 急逝　急死。「知人が急逝する」など。×「きゅうせつ」。〔きゅうせい〕

□ 伝播　伝わって広まること。「キリスト教が伝播した」など。〔でんぱ〕

□ 曳航　船が他の船を引いて航行する。「貨物船を曳航する」など。〔えいこう〕

□ 対語　意味が対照的な言葉。対になる言葉。×「たいご」。〔ついご〕

□ 睦言　親しい男女が寝室で交わす言葉。〔むつごと〕

□ 弔鐘　死者をいたんで鳴らす鐘。「弔鐘を鳴らす」など。〔ちょうしょう〕

□ 折伏　仏教語で、悪人の迷いを覚ますこと。〔しゃくぶく〕

□ 放屁　おならをする。×「ほうへ」。〔ほうひ〕

□ 炸裂　激しく破裂し、飛び散る。「砲弾が炸裂する」など。〔さくれつ〕

133

- □ 椿事　思いがけない出来事。珍しい出来事。「前代未聞の椿事」など。〔ちんじ〕
- □ 頓死　急死すること。将棋では、見落としで玉が詰んでしまうこと。〔とんし〕
- □ 筺棒　はなはだしいさま。江戸弁に筺と棒を当て字した語。〔べらぼう〕
- □ 澄明　澄みきって明るいさま。「澄明な空」など。〔ちょうめい〕
- □ 銀嶺　雪が降り積もり、銀色に輝く山の峰。「銀嶺を仰ぎ見る」など。〔ぎんれい〕
- □ 喬木　高い木のこと。反対語は、低木を意味する「灌木」。〔きょうぼく〕
- □ 間遠　時間的、空間的な隔たりが大きいさま。〔まどお〕
- □ 掉尾　最後のこと。「とうび」は慣用読み。〔ちょうび〕
- □ 措辞　言葉の使い方。詩や文章での文字の使い方や字句の置き方。〔そじ〕
- □ 屹立　高い山がそびえ立つ様子。「高い壁として屹立する」など。〔きつりつ〕
- □ 跳梁　とびはねまわる。悪人がのさばる様子。「跳梁跋扈」など。〔ちょうりょう〕
- □ 瓦解　一部の崩れから全体が崩れること。〔がかい〕
- □ 剪定　花や庭木の枝など切りととのえる。×「ぜんてい」。〔せんてい〕
- □ 権勢　権力を握り、勢いがある。「権勢を振るう」「権勢欲」など。〔けんせい〕
- □ お誂え向き　希望にぴったりの。「お誂え向きの商品」など。〔おあつらえむき〕
- □ 謳歌　歌うこと。喜びなどを表すこと。「青春を謳歌する」など。〔おうか〕

●中級の熟語も佳境に入ってまいりました。読んでください。

- □ **前栽** 家の前庭にある草木の植込み。〔せんざい〕
- □ **釣果** 魚釣りの成果。「釣果を競う」など。〔ちょうか〕
- □ **頭金** 分割払いするときに、最初に支払う金。×「あたまがね」。〔あたまきん〕
- □ **透徹** 透きとおっていて濁りがない。「透徹した論理」。〔とうてつ〕
- □ **概括** 要点をまとめる。「概」はおおむね、「括」はまとめるという意。〔がいかつ〕
- □ **駆逐** 追いだすこと。「駆逐艦」「悪貨は良貨を駆逐する」など。〔くちく〕
- □ **便法** 物事を行うのに便利な方法。「修行に便法はない」など。〔べんぽう〕
- □ **渉猟** 歩き回り、探し求めること。「書物を渉猟する」。〔しょうりょう〕
- □ ここを**先途** 勝敗や運命の分かれ目。「ここを先途と頑張る」。〔せんど〕
- □ **翻弄** 思いどおりに弄ぶ。「大波に翻弄される」。〔ほんろう〕
- □ **兎角** ややもすると、という意味の副詞。「兎角、日本人は〜」。〔とかく〕
- □ **常套句** 決まり文句。〔じょうとうく〕
- □ **泡銭** 苦労なく得た金のこと。〔あぶくぜに〕
- □ **批准** 国家が条約を承認すること。「批准書」など。〔ひじゅん〕
- □ **根刮ぎ** 余すところなく、すべて取り去るさま。〔ねこそぎ〕

2 スラスラ読みたい大人の漢字 ②

● 読めますか？ 意味がわかりますか？

□ 徘徊

〔はいかい〕 あてもなく、歩きまわる。「徘徊老人」など。「徘」には「さまよう」という意味がある。

□ 遡上

〔そじょう〕 川の流れをさかのぼる。「サケが急流を遡上する」など。×「さくじょう」。「遡る」で「さかのぼる」と読む。

□ 三昧

〔ざんまい〕 一つのことに集中している状態。雑念を払い、没入している状態。「読書三昧」「贅沢三昧」など。

□ 顕彰

〔けんしょう〕 功績などを世にあきらかにして表彰する。「顕らか」「彰らか」、ともに「あきらか」と読む。

□ 鈴生り

〔すずなり〕 果実が密集して、房のようにぶらさがっているさま。この「鈴」はもともと神社で神楽に使う鈴。一本の棒に数多くの鈴がついているそのさまから。

第8章　思わぬところで恥をかく中級レベルの漢字です

- □ 昏倒
- □ 爛熟
- □ 羨望
- □ 隠遁
- □ 烙印
- □ 足枷
- □ 巴戦
- □ 途絶

[こんとう]　目がくらみ、倒れること。「昏い」で「くらい」と読み、「目がくらむ」という意味がある。

[らんじゅく]　果実が熟しきった状態。頂点を迎えたものの衰えが見えはじめた状態。「ルネサンスの爛熟期」など。

[せんぼう]　うらやましく思うこと。「羨望の視線を集める」など。「羨む」で「うらやむ」と読む。

[いんとん]　俗世間を離れ、隠れ住むこと。「田舎で隠遁生活を送る」など。「遁れる」で「のがれる」と読む。

[らくいん]　熱した鉄印を押し当て、印を焼き付けること。「烙印を押す」は、汚名を受けるという意味。「烙く」で「やく」と読む。

[あしかせ]　罪人の足にはめる刑具。そこから、自由な行動を妨げるもの。「足枷となる」など。

[ともえせん]　三人のうちの一人が、他の二人に続けて勝てば勝者になれる戦い。大相撲の優勝決定戦の方式のひとつ。

[とぜつ]　続いていた物事が途中で絶えること。「連絡が途絶する」など。

● 中級レベルの熟語です。読んでください。

- □ 松柏　松と柏のこと。「松柏の盆栽」など。　［しょうはく］
- □ 森閑　ひっそりと静まり返っているさま。　［しんかん］
- □ 満更　でもない　じつは、かなり気に入っているという意。　［まんざら］
- □ 幽谷　深山にある静かな谷。「深山幽谷」など。　［ゆうこく］
- □ 塑像　石膏（せっこう）や粘土で作った像。　［そぞう］
- □ 揶揄　揶（からか）うこと。「世間を揶揄する」など。　［やゆ］
- □ 僥倖　予期しない幸せ。「僥倖に恵まれる」など。　［ぎょうこう］
- □ 雄図　大きな企て。雄大な計画。「雄図むなしく」など。　［ゆうと］
- □ 多幸　幸せ多いこと。「御多幸をお祈りいたします」など。　［たこう］
- □ お目出度　めでたいこと。とくに、妊娠や出産をさす。　［おめでた］
- □ 栄達　出世すること。「栄達を望む」など。　［えいたつ］
- □ 賭博　金品を賭けて勝敗を争うバクチ。　［とばく］
- □ 鱈腹　腹いっぱい。「鱈腹食う」など。　［たらふく］
- □ 鳳凰　古代中国で尊ばれた想像上の鳥。　［ほうおう］
- □ 沐浴　髪や体を洗い清める。「斎戒沐浴」など。　［もくよく］
- □ 面魂　強い気持ちが表れている顔つき。　［つらだましい］

138

③ スラスラ読みたい大人の漢字 ③

● 正確に読めるかチェックしましょう。

□ 謀議　〔ぼうぎ〕計画を進めるため、相談すること。とりわけ、犯罪や陰謀に関して用いる。「謀」一字で「はかりごと」と訓読みする。

□ 夾雑　〔きょうざつ〕よけいなものが混じりこむこと。「夾雑物を取り除く」など。「夾む」で「はさむ」と読む。

□ 頓着　〔とんちゃく〕深く気にかけてこだわること。多くの場合、「頓着しない」と否定形で用い、「こだわらない」という意に。「とんじゃく」とも読む。

□ 侠客　〔きょうかく〕任侠の徒。なお「侠」には「おとこだて」という訓読みがある。

□ 蕩尽　〔とうじん〕金銭を湯水のように使い果たすこと。「財産を蕩尽する」など。なお「蕩児」は放蕩息子のこと。「蕩ける」で「とろける」と読む。

□ 黎明　〔れいめい〕明け方・夜明け。比喩的に、ものごとの始まり。「黎明期」など。

□ 素封家　〔そほうか〕　代々続くお金持ち。とくに地位や権力は持っていない場合に使う。

□ 射幸心　〔しゃこうしん〕　賭け事などで楽して儲けようとする気持ち。「射幸心を煽る」など。

□ 卍巴　〔まんじどもえ〕　卍や巴の形のように、入り乱れるさま。くんずほぐれつ。「卍巴となって戦う」など。

□ 一番槍　〔いちばんやり〕　適陣に最初に突っ込み、槍をふるうことから、真っ先に立てる功名。「一番槍の大手柄」など。

□ 当り籤　〔あたりくじ〕　クジ引きで当たったクジ。昔は「当籤」と書いて「とうせん」＝当選と読んだ。

□ 燦然　〔さんぜん〕　きらびやかに輝くさま。「燦然と輝く真夏の太陽」など。「燦らか」で「あきらか」と読む。

□ 佳日　〔かじつ〕　おめでたい日。「嘉日」とも書く。「過日」（過ぎた日）とは意味が違うので混同しないように。

□ 御零れ　〔おこぼれ〕　人が得た利益の一部を与えられること。「御零れにあずかる」など。

第8章　思わぬところで恥をかく中級レベルの漢字です

□ **大入袋**
〔おおいりぶくろ〕　金一封の袋。興行で客が大入りになったとき、関係者に配られる。

□ **怪我の功名**
〔けがのこうみょう〕　失敗したことが、思いがけずよい結果を生むこと。

□ **喇叭飲み**
〔らっぱのみ〕　ラッパを吹くように、瓶に口につけて飲むこと。「喇叭」は当て字で、こう書くことに意味はない。

□ **糟糠の妻**
〔そうこうのつま〕　貧しい時代からともに苦労してきた妻。「糟」は酒かす、「糠」はぬかのことで、粗末な食べ物を意味する。なお、「糟糠の妻でいらっしゃる」などというと、相手がかつては貧乏だったとけなすことになるので、人の紹介には使えない。

□ **戯れ言**
〔ざれごと〕　ふざけた言葉。冗談。「戯れ言を言うな」など。「戯事」は「たわごと」、「戯れ」は「たわむれ」と読む。

□ **痴れ言**
〔しれごと〕　ばかげた言葉。愚かな言葉。取るに足りない言葉。「酔っぱらいの痴れ言」など。

□ **逐電**
〔ちくでん〕　すばやく逃げること。「逐」で「おう」と読み、「雷（電）を逐う」ように速いという意味。

●中級の「熟語」です。読んでください。

- □ 糊塗　あいまいにごまかして処置する。「事実を糊塗する」など。　［こと］
- □ 贖罪　罪をつぐなうこと。「贖う」で「あがなう」と読む。　［しょくざい］
- □ 刷新　すべて新しくすること。「顔ぶれを刷新する」など。　［さっしん］
- □ 醜聞　聞くに堪えない評判。スキャンダル。「醜聞が流れる」など。　［しゅうぶん］
- □ 蝶番　開き戸につかう金具。　［ちょうつがい］
- □ 終焉　物事の終わり。「終焉を迎える」。　［しゅうえん］
- □ 客死　旅の途中で死ぬこと。「刺客」「食客」も「客」を「かく」と読む。　［かくし］
- □ 舌禍　失言したために受ける災い。「舌禍事件」など。　［ぜっか］
- □ 諜報　スパイ活動のこと。　［ちょうほう］
- □ 急坂　傾きが急な坂。×「きゅうざか」。　［きゅうはん］
- □ 捏造　嘘を事実とでっちあげること。「捏ねる」で「こねる」と読む。　［ねつぞう］
- □ 極刑　死刑のこと。「極刑に値する」「極刑に処せられる」など。　［きょっけい］
- □ 宮内庁　皇室関係の事務をする行政機関。戦前は宮内省。　［くないちょう］
- □ 怒濤　荒れ狂う大波。「濤」は「なみ」と読む。「怒濤の勢い」など。　［どとう］
- □ 賜杯　天皇からスポーツの勝者におくられる優勝杯。　［しはい］

142

第8章 思わぬところで恥をかく中級レベルの漢字です

- □ 梵語　古代インドの文語であるサンスクリット語のこと。〔ぼんご〕
- □ 手綱　馬を操るため、轡（くつわ）につける綱。「手綱をゆるめる」など。〔たづな〕
- □ 緻密　不備がない。「緻かい」で「こまかい」と読む。「緻密な作戦」など。〔ちみつ〕
- □ 真摯　ひたむきでまじめな態度。「真摯な姿勢」など。〔しんし〕
- □ 執念　思い込んで動かない心。もとは仏教用語。〔しゅうねん〕
- □ 真っ向　真正面のこと。「真っ向勝負に出る」など。〔まっこう〕
- □ 喚声　大きな叫び声。一方「歓声」は歓びの声。〔かんせい〕
- □ 四股　力士が足を左右交互に高く上げて地を踏む運動。「四股を踏む」など。〔しこ〕
- □ 醜名　力士の呼び名。へりくだってこう書く。「四股名」とも。〔しこな〕
- □ 辛勝　辛くも得た勝利。「辛い」は「からい」「つらい」と読む。〔しんしょう〕
- □ 固唾　緊張しているとき、口の中にたまる唾。「固唾を飲む」。〔かたず〕
- □ 外方を向く　別の方向を見る。無視する。〔そっぽをむく〕
- □ 足蹴　足で蹴りつける。ひどい仕打ちをする。×「あしげり」。〔あしげ〕
- □ 漁火　魚をおびきよせるために、漁船でたく篝火（かがりび）。〔いさりび〕
- □ 洒落　冗談。「駄洒落」「洒落が通じない」など。〔しゃれ〕
- □ 勿怪　思いがけない幸せ。「勿怪の幸い」など。〔もっけ〕

143

4 一見難しそうなのに、よく使う熟語①

● 難しい漢字を含んでいるのに、熟語としてはよく使う言葉です。読んでください。

□ 編纂

〔へんさん〕材料を整理し、書物を作る。おもに、辞書や全集を編集することに使う。「百科事典を編纂する」など。「纂」には「あつめる」という意味がある。

□ 彷徨

〔ほうこう〕当てもなく、さまよい歩く。「生死の境を彷徨する」など。「彷う」も「徨う」も、「さまよう」と読む。

□ 昏睡

〔こんすい〕後先の区別もつかないほど眠る。意識がないさま。「昏睡強盗」「昏睡状態」など。「昏い」で「くらい」と読む。

□ 灌漑

〔かんがい〕水を引き、田畑をうるおすこと。「灌漑用水」など。「灌ぐ」も「漑ぐ」も「そそぐ」と読む。

□ 蹂躙

〔じゅうりん〕ふみにじる。力によって他者を侵害する。「人権蹂躙」など。「蹂む」「躙む」ともに「ふむ」と読む。

144

第8章　思わぬところで恥をかく中級レベルの漢字です

- □ 威嚇
- □ 慟哭
- □ 埠頭
- □ 蒐集
- □ 一縷
- □ 蹉跌
- □ 艱難
- □ 煉獄

〔いかく〕　威力をもって、おどしつける。「武力で威嚇する」など。「嚇す」で「おどす」と読む。

〔どうこく〕　大声をあげ、泣きわめく。「慟く」は「なげく」、「哭く」は「なく」と読む。

〔ふとう〕　港内で船を横づけするために、突き出したエリア。

〔しゅうしゅう〕　趣味や研究のために集める。「骨董品の蒐集」などりもマニアっぽいニュアンスを含む書き方。「蒐める」で「あつめる」と読む。

〔いちる〕　わずかにつながっている様子。「縷」は「いと」と訓読みし、細い糸のこと。「一縷の望み」は、かすかな希望。なお不安のほうは「一抹の不安」。ごっちゃにしないように。

〔さてつ〕　つまずき。「蹉く」も「跌く」も「つまずく」と読む。『青春の蹉跌』は石川達三の小説。

〔かんなん〕　苦難があって苦しむこと。「艱難辛苦」「艱難に耐える」など。「艱」には「なやみ」という意味がある。

〔れんごく〕　天国と地獄の間。カトリックの教義で、死者の魂が最後の審判を受けるまで送られるとされる場所。

5 一見難しそうなのに、よく使う熟語②

●これらも熟語としてはよく使う言葉。読んでください。

□ 健啖　〔けんたん〕よく食べること。食欲旺盛。「健啖家」は食欲旺盛な人。「啖う」で「くう」と読む。

□ 拿捕　〔だほ〕船舶などが、外国の軍艦などの命令下に強制的に入れられること。「漁船が拿捕される」など。

□ 演繹　〔えんえき〕一つの事柄から他の事柄に広げて考える。反対語は「帰納」。「繹」には「たずねる」という意がある。

□ 充填　〔じゅうてん〕ものを詰めて、ふさぐこと。「エネルギー充填１００％」など。「填める」で「うずめる」、「填ぐ」で「ふさぐ」と読む。

□ 稠密　〔ちゅうみつ〕多く集まり、混み合っているさま。「稠」の旁につられて「しゅう」と読まないように。「稠い」で「おおい」と読む。

第8章　思わぬところで恥をかく中級レベルの漢字です

□ **団欒**
〔だんらん〕親しい人が集まり、楽しく時を過ごすこと。「一家団欒」「団欒を楽しむ」など。

□ **震撼**
〔しんかん〕ふるい動かすこと。「世間を震撼させた大事件」など。「撼かす」で「うごかす」と読む。

□ **羞恥心**
〔しゅうちしん〕恥ずかしいと感じる気持ち。「羞恥心がない」と否定形で用いることが多い。「羞じる」で「はじる」と読む。

□ **叢書**
〔そうしょ〕同じ形式で編集し、継続刊行する書物。「叢」一字では「くさむら」と読む。

□ **鳥瞰**
〔ちょうかん〕鳥が空から見下ろすように、高所から広く全体を見下ろすこと。「鳥瞰図」など。反対語は「俯瞰」。「瞰る」で「みる」と読む。

□ **帰趨**
〔きすう〕落ち着くところ。決着するところ。「勝敗の帰趨が決まる」など。「趨く」で「おもむく」と読む。

□ **厩舎**
〔きゅうしゃ〕馬や牛などの家畜を飼う小屋。競走馬を管理、訓練する場所。「厩」一字では「うまや」と読む。

□ **改竄**
〔かいざん〕文書などを悪用するため、勝手に直すこと。「竄」には文字を変えるという意味がある。

●見慣れない漢字を含んでいるのに、熟語としてはよく使う言葉です。読んでください。

□ 訥弁　口数が少ないこと。なめらかな話しぶりではないこと。　［とつべん］

□ 年高　年上という意の大和言葉。かなりの高齢という意も。　［としかさ］

□ 轢死　電車や自動車などに轢かれて、死亡すること。「轢死体」など。　［れきし］

□ 眩惑　目を眩まし、惑わすこと。「色香に眩惑される」など。　［げんわく］

□ 筮竹　易者が占いで使う竹を削ってつくった細い棒。　［ぜいちく］

□ 憑依　霊などが乗り移る。「憑く」で「つく」と読む。　［ひょうい］

□ 兵站　必要な兵器、食糧を補給すること。　［へいたん］

□ 縊死　首を吊って死ぬ。「縊る」で「くびる」と読む。　［いし］

□ 橋梁　河などにかける橋。大きな橋に使う言葉。　［きょうりょう］

□ 書翰　手紙。「書簡」とも書く。「翰」は「ふで」という意。　［しょかん］

□ 孵化　卵がかえること。「孵る」で「かえる」と読む。　［ふか］

□ 魂魄　死者のたましい。「魄」の訓読みも「たましい」。　［こんぱく］

□ 疲労困憊　疲れきること。「憊れる」で「つかれる」と読む。　［ひろうこんぱい］

□ 峻拒　きっぱり拒むこと。「峻しい」で「けわしい」と読む。　［しゅんきょ］

□ 顛末　事のはじまりから終わりまでのいきさつ。　［てんまつ］

6 ビジネスパーソンなら知らないとマズい漢字①

●中級熟語のビジネス編です。仕事で頻繁に使う言葉を読んでください。

□ 辣腕

〔らつわん〕　敏腕。凄腕。物事を処理する能力。「辣腕をふるう」は、凄腕を発揮するという意味。

□ 渾身

〔こんしん〕　身体全体。「渾身の力を振り絞る」など。「渾て」で「すべて」と訓読みする。

□ 衷心

〔ちゅうしん〕　まごころ。「衷心からお悔やみ申し上げます」など。「衷」には「まごころ」という訓読みがある。

□ 逓減

〔ていげん〕　じょじょに減っていくこと。「収益が逓減する」など。

□ 些事

〔さじ〕　とるにたらないこと。「些事にこだわる」など。「些か」は「いささか」と読む。

- □ 爾後
- □ 披瀝
- □ 薫陶
- □ 牙城
- □ 短兵急
- □ 毀損
- □ 推敲
- □ 濫用

[じご] その後。今後。「爾の」で「その」と訓読みする。「爾後、よろしくお願いいたします」など。

[ひれき] 考えを打ち明ける。「自分の考えを披瀝する」など。「披」で「ひらく」、「瀝」で「したたる」と訓読みする。

[くんとう] 徳の力で人を教育すること。受け身の形で使うことが多く、「○○先生の薫陶を賜り」は、結婚式での定番フレーズ。

[がじょう] 組織や勢力の中心。「保守の牙城」など。昔の中国で、本拠となる城に牙旗（大将の旗）を立てたことから。

[たんぺいきゅう] 出し抜けであるさま。「短兵」は短い武器のことで、もとはそれを手にして敵を急襲するという意味。「短兵急に攻める」など。

[きそん] 壊すこと。「名誉を毀損する」など。「毀つ」で「こぼつ」（壊すの意）と読む。

[すいこう] 詩歌の内容を十分に吟味する。唐の故事に由来する言葉。「推敲を重ねる」など。

[らんよう] みだりに用いる。「職権濫用」「濫用を禁ず」など。「濫りに」で「みだりに」と読む。

7 ビジネスパーソンなら知らないとマズい漢字②

●仕事でよく使うのに、意外と読めない漢字です。読んでください。

□ 物故

□ 酩酊

□ 排斥

□ 罷免

□ 驚愕

〔ぶっこ〕 人が亡くなること。「物故者」など。

〔めいてい〕 酒を飲み、ひどく酔うこと。「すっかり酩酊する」など。「酩」も「酊」も「よう」と読む。

〔はいせき〕 受け入れられないと拒むこと。「排斥運動」「外国製品を排斥する」など。「斥ける」で「しりぞける」と読む。

〔ひめん〕 公職をやめさせる。「大臣を罷免する」など。「罷める」で「やめる」と読む。

〔きょうがく〕 たいへん驚くこと。「世間を驚愕させる」「驚愕の真実」など。「愕く」も「驚く」と同様、「おどろく」と読む。

- □ 敷衍 〔ふえん〕 意味をおし広げる。「敷衍して申し上げますと」は、「関連づけて言うと」という意味の常套句。

- □ 窯業 〔ようぎょう〕 レンガやガラス、セメントなどを製造する産業。つまり、「窯（かま）」で高熱処理する産業の総称。

- □ 歪曲 〔わいきょく〕 内容を意図的にゆがめる。悪い方向に変えるときに使う。「事実を歪曲する」など。「歪み」は「ひずみ」「ゆがみ」、「歪」一字は「いびつ」と読む。

- □ 脆弱 〔ぜいじゃく〕 もろくてよわいさま。「脆」の旁につられて、「きじゃく」と誤読しないように。

- □ 詮索 〔せんさく〕 細かい点まで詳しく調べる。「素性を詮索する」など。「索める」で「もとめる」と読む。

- □ 膠着 〔こうちゃく〕 状態が固定化し、変化しないさま。「戦況は膠着状態に入った」など。「膠」一字では「にかわ」（接着剤のこと）と読む。

- □ 琴線 〔きんせん〕 感動し、共鳴する心情。「現代人の琴線に触れる作品」など。

- □ 邁進 〔まいしん〕 とまらずに進むこと。「事業に邁進する」など。「邁く」で「ゆく」と読む。

第8章　思わぬところで恥をかく中級レベルの漢字です

□ **隘路**
〔あいろ〕狭い道。比喩的に、難関、妨げという意味で使われ、「（問題解決への）隘路にさしかかる」など。

□ **阿吽**
〔あうん〕仁王像や狛犬の顔の様子を指す。一方が口を開け、もう一方が閉じている。「阿吽の呼吸」は息がぴったり合っているという意。

□ **引っ張り凧**
〔ひっぱりだこ〕人気があって、引く手あまたのさま。このタコは「蛸」と当てることもある。

□ **箝口令**
〔かんこうれい〕人に話すことを禁じること。「箝口令を敷く」など。「箝」一字では「くびかせ」と訓読みする。

□ **矛先**
〔ほこさき〕矛の切っ先。「矛先を転じる」など。「非難の矛先を転じる」は、攻撃する方向を変えること。

□ **迂闊**
〔うかつ〕おろかにも。「迂」には「うとい」という意味がある。「私（わたくし）としたことが、迂闊にも」など。

□ **蔓延**
〔まんえん〕病気や悪い習慣などが広がること。「蔓草が延び広がる」ように、はびこるという意味。「悪習が蔓延する」「伝染病が蔓延する」など。

□ **躊躇**
〔ちゅうちょ〕ためらう。「躊」にも「躇」にも「ためらう」という意味がある。

熟語（促音編）――小さな「っ」で読まないと間違いになる言葉

※小さな「っ」で表す言葉を「促音」と呼びます。ここでは、一字ではそうは読まないのに、熟語になると「っ」になる促音語を集めました。読んでください。

□ **払拭**　〔ふっしょく〕　汚れなどをぬぐい去る。「旧弊を払拭する」など。×「ふっしき」。

□ **昵懇**　〔じっこん〕　親密なこと。「昵懇な間柄」など。「昵づく」で「ちかづく」、「懇ろ」で「ねんごろ」と読む。「入魂」とも書く。

□ **折檻**　〔せっかん〕　厳しくいさめること。現代では、体罰という意味で使われることが多い。「子供を折檻する」など。

□ **匹敵**　〔ひってき〕　能力や価値などがつりあうこと。「国家予算に匹敵する金額」など。

□ **闊歩**　〔かっぽ〕　大股で堂々と歩くこと。「社内を闊歩する」など。「闊」には「広い」という意味があるので、大股というニュアンスが生じる。

□ **蟄居**　〔ちっきょ〕　家に閉じこもる。「蟄れる」で「かくれる」と読み、もとは虫が土の中に隠れるという意→「啓蟄」。

第8章　思わぬところで恥をかく中級レベルの漢字です

8 どんな動物が隠れていますか?

●動物が隠れている漢字です。読んでください。

□ 牛耳る

[ぎゅうじる] 組織や集団の実績を握ること。中国古代の戦国時代、君主たちが牛の耳を裂いて生き血をすすり、結束した故事から。「組織を牛耳る」など。

□ 猫糞

[ねこばば] 悪い行いを隠し、知らん顔をすること。用を足した猫が糞に土砂をかけて隠すことから。「落とし物を猫糞する」など。

□ 狼狽

[ろうばい] うろたえる。前足が長く後ろ足が短い「狼」と、前足が短く後ろ足が長い「狽」(狼の一種)は、離れるとうまく動けなくなってうろたえるという伝説から。

□ 窮鼠

[きゅうそ] 追いつめられたネズミ。「窮鼠、猫を嚙む」は、弱者も窮地に立つと、強者に挑み、倒すことがあるという意味。

□ 駿馬

[しゅんめ] 足の速いすぐれた馬。反対語は「駄馬」。

- □ 虎穴　〔こけつ〕　虎の住む穴＝危険な場所という意。「虎穴に入らずんば虎子を得ず」は、ときには危険な場所に踏み込まなければ成果を得られないという意。

- □ 鷹揚　〔おうよう〕　鷹が空を飛ぶように堂々としているさま。「鷹揚に構える」「鷹揚な態度」など。

- □ 脱兎の如く　〔だっと〕　勢いよく逃げるウサギのように、動作がひじょうにすばやいことの形容。「脱兎の如く逃げ出す」が決まり文句。

- □ 烏帽子　〔えぼし〕　公家や武士がつけていたかぶりもの。色が「烏の羽」のように黒いことから、こう書く。「亭主の好きな赤烏帽子」など。

- □ 蛇蝎　〔だかつ〕　人に嫌われるものの象徴。「蝎」は「さそり」のこと。「蛇蝎の如く嫌う」が定番の形。

- □ 烏滸がましい　〔おこがましい〕　身のほど知らずで、さしでがましい。「烏滸がましいようですが」など。

- □ 狼煙　〔のろし〕　薪を燃やしてあげる煙による合図。昔は、狼の糞を入れて燃やしたので、こう書くようになったという説がある。「改革の狼煙を上げる」など。

- □ 狼藉　〔ろうぜき〕　乱暴なふるまい。狼が草を藉（し）いて寝たあとの様子から。「狼藉を働く」「狼藉の限りを尽くす」が二大定番句。

第8章　思わぬところで恥をかく中級レベルの漢字です

- □ 鵜呑みにする
- □ 螻蛄になる
- □ 藪蛇
- □ 鳩首
- □ 羊歯
- □ 下馬評に上る
- □ 雁首
- □ 丙午

〔うのみ〕　人の言葉をそのまま受け入れることの比喩。「人の意見を鵜呑みにする」など。

〔おけら〕　無一文になること。虫のケラの前足を上げている様子が、降参しているように見えるところから。

〔やぶへび〕　藪をつついて蛇を出すように、余計なことをしてひどい目にあうこと。「藪をつついて蛇を出す」の略。

〔きゅうしゅ〕　集まって相談すること。「鳩首協議」「鳩首会談」など。

〔しだ〕　シダ植物のこと。葉が細かく並んでいる様子が、羊の歯に似ていることに由来する書き方とみられる。

〔げばひょう〕　巷の評判にのぼること。江戸城の下馬先で、城内に入った主人を待つ者たちが噂話をし合ったことに由来する言葉。

〔がんくび〕　頭の俗語。もとは、雁の頭の形に似たキセルの火をつける部分のこと。「雁首を揃える」は、人が寄り集まり、頭数が揃うこと。

〔ひのえうま〕　六十年に一度の「丙の午」の年。この年に生まれた女性は夫を食い殺すという迷信があって、過去は出生率が低くなった。

● 引き続き、動物が隠れている漢字です。読んでください。

- □ 蛇足　いらないもの。蛇に足までつけて描いた者の故事から。　〔だそく〕
- □ 目白押し　ぎっしり並ぶこと。鳥のメジロが枝に多数並ぶさまから。　〔めじろおし〕
- □ 亀裂が入る　ひびが入ること。「亀裂が生じる」など。　〔きれつ〕
- □ 猿股　丈の短い下履き。　〔さるまた〕
- □ 豹変する　態度を一変させること。「君子は豹変する」など。　〔ひょうへん〕
- □ 走狗　人の手先。本来は、狩猟用の狗(いぬ)のこと。「権力者の走狗」など。　〔そうく〕
- □ 蛇腹　蛇の腹のような形をしたもの。「蛇腹式のカメラ」など。　〔じゃばら〕
- □ 鴨居　屋内の戸の上にある横木。　〔かもい〕
- □ 牛車　平安時代、牛にひかせ、公家が乗った車。×「ぎゅうしゃ」。　〔ぎっしゃ〕
- □ 愛猫　可愛がっている猫。「愛猫家」は猫を愛する人。　〔あいびょう〕
- □ 熊手　落ち葉などをかき集める竹製の道具。　〔くまで〕
- □ 豚児　自分の子供のことをへりくだっていう言葉。　〔とんじ〕
- □ 竜巻　大気の渦巻き。形が、竜が空に昇るように見えることから。　〔たつまき〕
- □ 羊羹　小豆や砂糖でつくるお菓子。　〔ようかん〕
- □ 飛燕　空を飛ぶツバメ。太平洋戦争時の戦闘機名でもある。　〔ひえん〕

column 5 見た目は似ているけれど、意味はまったく違う漢字

●見間違えに要注意です！

貧と貪——貧「ヒン」は貧しいこと、貪「ドン」は、「貪欲」などに使い、むさぼるという意味。

悔と侮——悔は「悔いる」、侮は「侮る」。

治と冶——治は「チ、ジ」と読み、おさめるという意味。冶は「ヤ」と読み、「冶金」、「陶冶」などに使われる。

刺と刺——刺「シ」は刺す。剌は「溌剌」などのラツで、はねるという意味。

斉と斎——斉は通常セイと読み、ととのえるという意。斎はサイと読み、身を清めるという意味がある。

戊と戌──戊「ボ」は十干の五番目。戌はイヌ。

爪と瓜──爪は「ツメ」。瓜は「ウリ」。「爪にツメなし、瓜にツメあり」は昔からの覚え方。

廷と延──廷「テイ」はもとは庭を表し、そこから「法廷」などの場所の名に使われるようになった。延「エン」はのびるの意。

己と已と巳──己は「オノレ」、已は文法の已然形の「イ」で、すでに終わっているという意味。巳「ミ」は蛇のこと。

候と侯──候は「ソウロウ」や気候の「コウ」。タテの線が一本少ない侯は「侯爵」の「コウ」。

享と亨──享は「享楽」、「享受」などの「キョウ」。亨は「トオル」として、もっぱら人名に用いられる漢字。

column5　見た目は似ているけれど、意味はまったく違う漢字

萩と荻 ── 萩は「ハギ」で、秋の七草のひとつ。荻「オギ」は葦原などに生えるイネ科の多年草。

璧と壁 ── 壁は「カベ」、璧「ヘキ」はすぐれた玉のこと。「完璧」はもともとは傷のない玉のことなので、璧を使う。

暫くと漸く ── 暫くは「しばらく」、漸くは「ようやく」。

幣と弊 ── ともに「ヘイ」と音読みするが、幣には捧げるという意味があり、「紙幣」「貨幣」などに使う。弊は費えるという意で、「疲弊」、「弊害」などに用いる。

衝と衡 ── 衝「ショウ」は要という意味があり、「要衝」、「折衝」などに使う。衡「コウ」ははかりという意味で、「平衡」、「均衡」、「度量衡」などに使われている。

嬌と矯 ── ともに「キョウ」と音読みするが、嬌はなまめかしいさまを表し、「愛嬌」、「嬌態」など。矯はためるという意で、「矯正」などに使う。

第9章 実はけっこう厄介なのが、形容詞と副詞です

日常的に使っている形容詞や副詞も、漢字で書くと、意外な難物に変身します。漢字本来の音とは関係のない読み方をするうえ、送り仮名のつけ方しだいで、読み方が変化するためです。たとえば、「虚しい」と「虚ろな」では、読み方が違ううえ、品詞まで変わってしまいます。

というわけで、けっこうやっかいな形容詞と副詞。読みこなしてください。

1 手ごたえのある形容詞と副詞

●日常生活ではふつうに使っている言葉です。読んでください。

□ 疎い

〔うとい〕物事や事情に通じていない。親しくない。「世事に疎い」「疎い関係」など。「疎ら」は「まばら」と読む。

□ 芳しい

〔かんばしい〕いい香りがする。「立派」という意味もあるが、この意味では「芳しくない」と否定形で使うことが多い。なお、「芳る」は「かおる」と読む。

第9章　実はけっこう厄介なのが、形容詞と副詞です

□ 著しい
（いちじるしい）　はっきりわかるほど目立つ様子。「著しい成果」「著しい進歩」など。なお「著す」は「(本を)あらわす」。

□ 懐かしい
（なつかしい）　人や物を思い出し、心ひかれる。「昔懐かしい」「懐かしのメロディ」など。「懐」一字では「ふところ」と訓読みする。

□ 雄々しい
（おおしい）　力強く男らしい様子。「雄々しく立ち向かう」など。反対の言葉は「女々しい」だが、こちらは女性差別的として、使いにくくなっている。

□ 微かに
（かすかに）　わずかに。「微かな記憶」「微かな香り」など。「幽かに」とも書き、こちらは「幽かに見える」など、ぼんやり見えるさま。

□ 頑な
（かたくな）　意地を張り、態度や意見を変えようとしないさま。「頑な性格」「頑なに口を噤（つぐ）む」など。

□ 禍々しい
（まがまがしい）　悪いことが起きそうな気配がある。不吉である。「禍々しい予言」など。

□ 厳めしい
（いかめしい）　重々しい。「厳めしい雰囲気」など。なお「厳か」は「おごそか」、「厳しい」は「きびしい」と読む。

□ 不味い
（まずい）　おいしくない。よくない。「不味い料理」「不味い雰囲気」など。なお、気不味（きまず）いは、打ち解けられなくて気詰まりなさま。

163

- □ 生温い
- □ 酷い
- □ 詳らか
- □ 虚しい
- □ 虚ろな
- □ 猛々しい
- □ 可笑しい
- □ 喧しい

〔なまぬるい〕 中途半端にあたたかいようす。「温い」は「ぬくい」とも読み、「生温かい」は「なまあたたかい」と読む。簡単そうで読み分けが面倒な漢字。

〔ひどい・むごい〕「ひどい」は程度が悪い方向に甚だしいという意で、さまざまに使われる語。「非道い」という書き方もある。「むごい」は残酷で無慈悲なさま。

〔つまびらか〕 こと細かな様子。「状況を詳らかにする」など。「詳しい」は「くわしい」。

〔むなしい〕 中身がなくてからっぽ。「心中、虚しい思いをする」など。なお、「空しい」と書くと、効果がないという意味→「空しい結果」など。

〔うつろ〕 気が抜けてぼんやりしているさま。「虚ろな目付き」など。一方、「空ろ」と書くと、空っぽという意味。という具合に、「虚」「空」は同じような読み方をするが、厳密な使い分けは難しい漢字。

〔たけだけしい〕 いかにも強そうである。図々しい。ずぶとい。「盗人猛々しい」「猛々しい物言い」など。

〔おかしい〕 面白い。滑稽である。なお「奇怪しい」と書くと、「怪しい、奇異である」という意味になる。

〔かまびすしい〕 にぎやかで、うるさいさま。「やかましい」とも読む。

第9章 実はけっこう厄介なのが、形容詞と副詞です

●引き続き、手応えのある形容詞です。読んでください。

☐ 潔い　思いきりがよい。潔(きよ)という名があるように「きよい」とも読む。〔いさぎよい〕
☐ 心地好い　気持ちがいい。〔ここちよい〕
☐ 思慮深い　物事をよく考えていること。〔しりょぶかい〕
☐ 侘しい　心に穴が空いたようにもの悲しい。「侘しい暮らし」など。〔わびしい〕
☐ 儚い　あっけなく空しい。「儚い夢」など。〔はかない〕
☐ 忙しない　いそがしい。きぜわしい。「忙しない暮らし」など。〔せわしない〕
☐ 世知辛い　暮らしにくい。「世知辛い世の中」など。〔せちがらい〕
☐ 吝い　ケチである。〔しわい〕
☐ 逞しい　がっしりして力強いさま。「逞しい体つき」など。〔たくましい〕
☐ 慎ましい　ひかえめである。「慎ましい性格」など。〔つつましい〕
☐ 胡散くさい　どことなく疑わしい。「胡散くさい話」など。〔うさんくさい〕
☐ 夥しい　ひじょうに多いこと。「夥しい出血」など。〔おびただしい〕
☐ 幾何もない　間がない。「余命幾何もない」など。〔いくばくもない〕
☐ 如何わしい　信用できないさま。「如何わしい人物」など。〔いかがわしい〕
☐ 歯痒い　もどかしくてじれったい。「歯痒く感じる」など。〔はがゆい〕

165

● 状況や程度を表す漢字です。読んでください。

□ 早速　すぐに。「早速ですが」など。　［さっそく］

□ 一寸　ほんの少し。「一寸先は闇」ということわざでは「いっすん」と読む。　［ちょっと］

□ 即ち　即座に。「いいかえれば」という意もある。　［すなわち］

□ 一切　打ち消しを伴って「まったく〜ない」。「一切おかまい無し」など。　［いっさい］

□ 全て　残らず全部。「総て」「凡て」とも書く。　［すべて］

□ 先ず　いちばんはじめ。　［まず］

□ 切に　心から。「切に願う」など。　［せつに］

□ 挙って　残らず全部。「挙って賛成する」「諸人挙りて(もろびと)」など。　［こぞって］

□ 甚だ　ひじょうに。「甚だ心外」「甚だ以って」など。　［はなはだ］

□ 半ば　半分くらい。「思い半ば」「半ば諦める」など。　［なかば］

□ 具に　こと細かく。「具に調べる」など。　［つぶさに］

□ 如実に　ありのままに。「実力差を如実に感じる」など。　［にょじつに］

□ 更に　つけくわえて。　［さらに］

□ 概して　おおよそ。だいたいのところ。概ね。　［がいして］

□ 生憎　都合悪く。間が悪いという意の「あやにく」が転じた語。　［あいにく］

166

第9章　実はけっこう厄介なのが、形容詞と副詞です

- □ 専ら　そのことばかり。一筋に。「専らの噂」など。〔もっぱら〕
- □ 既に　とっくに。〔すでに〕
- □ 直ちに　すぐに。「直に」は「じきに」と読む。〔ただちに〕
- □ 金輪際　絶対に。もとは仏教用語で、大地の底の底のこと。〔こんりんざい〕
- □ 益々　前にまして。よりいっそう。「益々のご発展」など。〔ますます〕
- □ 宜しく　うまい具合に。ほどよく。「宜しくお願いします」など。〔よろしく〕
- □ 僅かに　ほんの少し。〔わずかに〕
- □ 凡そ　だいたい。「大凡」は「おおよそ」。〔およそ〕
- □ 頻りに　何度も。しばしば。「頻りに尋ねる」など。〔しきりに〕
- □ 些か　少し。「些かの自信がある」など。〔いささか〕
- □ 且つ　二つの行為や事柄が、同時に行われていることを表す語。〔かつ〕
- □ 尚更　以前より物事の程度が進むさま。「尚更のこと」など。〔なおさら〕
- □ と雖も　といっても。〔といえども〕
- □ 屢々　頻繁に。「屢」一字でも「しばしば」と読む。〔しばしば〕
- □ 敢えて　無理に。「敢えて勝負に出る」など。〔あえて〕
- □ 漸次　だんだんと。「漸次激しさを増す」など。×「きしくも」。〔ぜんじ〕
- □ 奇しくも　不思議なことに。×「きしくも」。〔くしくも〕
- □ 何気なく　これといった意図もなく。〔なにげなく〕

第10章 手強い動詞をスラスラ読めてこそ一人前です

日本人は、大和言葉の動詞に意味の近い漢字を当て、多数の漢字表記を生みだしてきました。そうした動詞漢字の侮れない点は、送り仮名しだいで読み方が一変する点。たとえば、「集まる」と「集る」では、読み方が変化します。その一方、「滑る」のように同じように書いて、二通りの読み方をする動詞もあります。
よく耳にする言葉ばかりですが、かなり、手ごわい動詞の世界へどうぞ！

1 ズバリ読みたい動詞の漢字──初級レベル

●まずは、小手試しに小学校で習う語を中心に簡単な「動詞」から。スラスラ読んでください。

□ 営む

〔いとなむ〕 怠らずに努める。経営する。「会社を営む」「法要を営む」など。

□ 説く

〔とく〕 話してわからせようとすること。「人の道を説く」。「こんこんと説く」など。「説ぶ」で「よろこぶ」という読み方もある。

第10章　手強い動詞をスラスラ読めてこそ一人前です

- □ 培う　〔つちかう〕育てあげる。土養う（根に土をかけ、植物を育てること）に由来。「信頼関係を培う」など。
- □ 滞る　〔とどこおる〕物事が順調に進まず、停滞する。「支払いが滞る」「車の流れが滞る」など。
- □ 和らぐ　〔やわらぐ〕穏やかになること。「寒さが和らぐ」「表情が和らぐ」など。「和む」は「なごむ」と読む。
- □ 利く　〔きく〕しっかりとした働きをする。「目端が利く」「融通が利く」「機転が利く」など。なお「利い」で「するどい」と読む。
- □ 省く　〔はぶく〕不要のものとして省略する。「手間を省く」「無駄を省く」など。「省みる」は「かえりみる」と読む。
- □ 漏れる　〔もれる〕すきまからこぼれ落ちる。「情報が漏れる」「笑みが漏れる」など。
- □ 滑る　〔すべる〕なめらかに動くこと。近年は、お笑い業界の影響で「話がうけない」という意味も。「足が滑る」など。「ぬめる」とも読む。「滑らか」は「なめらか」と読む。
- □ 戦く　〔おののく〕怒りや恐れのため、体がふるえる。「怒り戦く」「恐怖に戦く」など。「戦う」はむろん「たたかう」と読む。「戦」一字なら「いくさ」。

- □ 退く
- □ 隔てる
- □ 紛れる
- □ 揚げる
- □ 競る
- □ 謳う
- □ 陥れる
- □ 厭きる
- □ 矯める

[しりぞく] 後ろへ下がること。「ひく」「のく」とも読む。「前線から退く」「公職から退く」など。

[へだてる] 間に何かを置いてさえぎる。「時が二人を隔てる」など。

[まぎれる] ほかのものと混じって、見分けがつかなくなる。「気が紛れる」「どさくさに紛れる」など。「紛い物」は「まがいもの」と読む。

[あげる] 高くあげること。「旗を揚げる」「幟を揚げる」など。「天ぷらを揚げる」も、この漢字を使う→「揚げ物」。

[せる] 相手に勝とうと競い合うこと。「競り」は、市場での価格の決め方を指す「セリ」。「競う」は「きそう」と読む。

[うたう] 褒めたたえる。文章で表現する。「理想を謳い上げる」など。

[おとしいれる] 騙して悪い立場に追いやる。「罠に陥れる」「罪に陥れる」など。「陥る」は「おちいる」と読む。

[あきる] 嫌になる。「飽きる」「倦きる」とも書く。「厭う」は「いとう」と読む。

[ためる] まっすぐなものを曲げて、形を整える。あるいは、曲がっているものを矯正する。「角を矯める」など。

●引き続き、[初級]の動詞です。読んでください。

- □ **失せる** 消える。「やる気が失せる」など。〔うせる〕
- □ **彩る** 色鮮やかに飾ること。「彩り豊かな料理」など。〔いろどる〕
- □ **反る** 後ろに曲がること。裏表が逆になること。〔そる・かえる〕
- □ **興ずる** 面白がること。「遊びに興ずる」など。〔きょうずる〕
- □ **免れる** 災いを受けずにすむ。×「まぬれる」。〔まぬかれる〕
- □ **諦める** 仕方がないと断念すること。「残念だが諦める」など。〔あきらめる〕
- □ **充てる** 割り当てる。「充ちる」と送り仮名を振れば「みちる」。〔あてる〕
- □ **就く** 地位や役職に身を置く。職業に従事する。「職業に就く」など。〔つく〕
- □ **叱る** 人の欠点を責めること。〔しかる〕
- □ **伴う** いっしょに連れ立つという意味。「妻を伴う」など。〔ともなう〕
- □ **償う** 相手に悪いことをしたとき、埋め合わせをすること。〔つぐなう〕
- □ **廃れる** はやらなくなること。「廃れた風習」「廃れた町」など。〔すたれる〕
- □ **臨む** 目の前で向かい合うこと。「決戦の場に臨む」など。〔のぞむ〕
- □ **貶める** 蔑（さげす）む。見下す。「自らを貶める」など。〔おとしめる〕
- □ **究める** 本質にたどり着く。「その道を究める」など。〔きわめる〕
- □ **舐める** 舌先でなでたり、味わうこと。「嘗める」とも書く。〔なめる〕

2 できる大人は当然使える動詞の漢字──中級レベル①

●ちょっと手応えのある動詞を集めてみました。

□ 質す　〔ただす〕質問すること。「見解を質す」など。「正す」(正しい方向に修正する)、「糺す」(相手を責めるニュアンスが含まれる)と意味を混同しないように。

□ 均す　〔ならす〕等しくする。平らにする。「一人当たりに均す」「グラウンドを均す」など。「均しい」は「ひとしい」と読む。

□ 滴る　〔したたる〕水などの液体が落ちる。「水も滴る」「肉汁が滴る」など。「滴」一字の訓読みは「しずく」。

□ 唆す　〔そそのかす〕相手をその気にさせ、悪いほうへ導く。「人を唆す」「起業を唆す」など、ポジティブな方向に使うのは間違い。

□ 設える　〔しつらえる〕美しくととのえること。「茶室の設え」「和風に設える」など。「調える〔ととの-える〕」と混同しないように。「設ける」は「もうける」と読む。

第10章　手強い動詞をスラスラ読めてこそ一人前です

- □ 傾げる
〔かしげる〕　横に曲げること。「首を傾げる」など。「傾ける」は「かたむける」と読む。

- □ 佇む
〔たたずむ〕　しばらくの間、立ちつくすこと。「しばし佇む」など。「佇まい」は、立ち姿から、その人の持つ雰囲気という意味で使われる。

- □ 緩む
〔ゆるむ〕　しめつけている力が弱くなること。「冷え込みが緩む」「規律が緩む」「財布の紐を緩める」など。

- □ 煽る
〔あおる〕　人の心などをはげしくさせること。「火を煽る」「消費意欲を煽る」など。「煽てる」は「おだてる」と読む。

- □ 絞る
〔しぼる〕　中身を絞り出す。「知恵を絞る」「手拭いを絞る」など。「絞める」は「しめる」と読む。

- □ 絡む
〔からむ〕　まとわりつく。「乙に絡む」「絡み酒」など。「絡がる」は「からがる」と読む。

- □ 戒める
〔いましめる〕　慎ませる、禁じる。「戒めとする」は、「自分への戒めとする」など、「自戒」の意味で使う。

- □ 蘇る
〔よみがえる〕　失っていた状態のものが元にもどること。「若さが蘇る」など。同じ意味で「甦る」とも書く。

173

- □ 抉る　〔えぐる〕　刃物などで、くり抜くこと。「核心を抉る」「世相を抉る」「人口に膾炙する」の「炙」。
- □ 炙る　〔あぶる〕　火に当てて焼くこと。「炭火で炙る」「炙り焼き」など。
- □ 弛める　〔ゆるめる〕　しめつけていたものをゆるくする。「手綱を弛める」「綱紀を弛める」など。「弛む」は「たるむ」と読む。
- □ 凌ぐ　〔しのぐ〕　程度や力などが基準や相手を超えること。「前回を凌ぐ勢い」「猛攻を凌ぎきる」など。
- □ 匿う　〔かくまう〕　人目につかないように隠す。「逃」者を匿う」「犯人を匿う」など。「匿れる」は「かくれる」と読む。
- □ 嵩む　〔かさむ〕　金額や数量がふくらむ。「出費（経費、コスト）が嵩む」など。「嵩い」は「たかい」と読む。
- □ 醸す　〔かもす〕　発酵させる。その場の雰囲気を生み出す。なお「物議を醸す」は慣用句なので、形を変えることはできず、「雰囲気を醸し出す」は○。
- □ 覆す　〔くつがえす〕　ひっくり返す。「証言を覆す」「体制を覆す」など。「覆う」は「おおう」と読む。

174

3 できる大人は当然使える動詞の漢字──中級レベル②

● 引き続き、手応えのある動詞です。読んでください。

□ 被る　[こうむる] 被害などを身に受ける。「痛手を被る」など。「被害を被る」は重複表現になるので×。「かぶる」とも読むので、文章の流れで読み分けたい。

□ 窺う　[うかがう] ひそかに覗き見る。様子を探る。「状況を窺う」「顔色を窺う」など。「伺う」と混同して、「顔色を伺う」などと書かないように。

□ 晒す　[さらす] 人目にふれるようにする。日光や風雨に当たるままにする。「曝す」も同じ意味。「恥を晒す」「天日に晒す」など。

□ 辿る　[たどる] 手掛かりを探しながら、進む。「記憶を辿る」「山道を辿る」など。

□ 尖る　[とがる] 先端が細く鋭くなっている。「神経が尖る」「口が尖る」など。「尖い」は「するどい」と読む→尖閣諸島の「尖」はこの意味。

□ 弁える　[わきまえる] 分別があること。「身分をよく弁える」「立場を弁える」など。

□ 潰える （ついえる） 計画や希望などがだめになる。「優勝へのかすかな希望が潰える」など。「潰れる」は「つぶれる」と読む。

□ 綴る （つづる） 文章を作る。「詩を綴る」「綴り方」など。「綴じる」は「とじる」と読む→「割れ鍋に綴じ蓋」。

□ 囚われる （とらわれる） 拘束される。ある感情に支配され、判断力を失う。「囚われの身となる」「先入観に囚われる」など。

□ 睨む （にらむ） 鋭い目つきで見る。計算に入れるという意もあり、「次の選挙を睨んだ発言」など。

□ 覗く （のぞく） 隙間などから、向こう側を見る。こっそり見る。「プライバシーを覗く」「才能の一端を覗かせる」など。「覗う」は「うかがう」と読む。

□ 腫れる （はれる） （炎症などで）体の一部がふくれる。「惚れた腫れた」など。「腫」一字では「はれもの」と読む。

□ 翻る （ひるがえる） 裏返しになる。言動や態度が急に変わる。「態度を翻す」「判決が翻る」など。

□ 賄う （まかなう） 限られた範囲内で処理をする。「予算内で賄う」など。また、「賄い食」など、食事をととのえるという意味もある。

第10章　手強い動詞をスラスラ読めてこそ一人前です

● 引き続き、中級レベルの動詞。読んでください。

□ 適う　望んだとおりになること。「願いが適う」など。　[かなう]

□ 慮る　思いを深くめぐらすこと。「相手の事情を慮る」など。　[おもんぱかる]

□ 這う　腹ばいになって進むこと。「地を這う」など。　[はう]

□ 耽る　一つのことに心を奪われる状態。「読書に耽る」など。　[ふける]

□ 諭す　教え、言い聞かせること。「教諭」の「諭」。　[さとす]

□ 欺く　人をだます。「雪を欺く」など。　[あざむく]

□ 俯く　頭を垂れ、下を向く。「俯瞰」の「俯」。　[うつむく]

□ 躱す　身を返して避ける。「体を躱す」「すんでのところで躱す」など。　[かわす]

□ 孕む　みごもること。「危険を孕む」「不安を孕む」「アイデアが孕む」など。　[はらむ]

□ 閃く　一瞬、光ること。「アイデアが閃く」など。　[ひらめく]

□ 瞑る　目を閉じること。「瞑目」「瞑想」のメイ。　[つぶる]

□ 貢ぐ　金や物を与え、生活の面倒をみる。　[みつぐ]

□ 貪る　満足することなく欲しがる。「暴利を貪る」など。　[むさぼる]

□ 蝕む　虫が食う、病気などでおかされるという意も。　[むしばむ]

□ 弄ぶ　あれこれいじる。意のままに操る。　[もてあそぶ]

□ 則る　従う。「法律に則る」「先例に則る」など　[のっとる]

177

4 読めれば自慢できる動詞の漢字——ハイレベル

● いよいよ、動詞も上級編。相当、手強いですゾ！

□ 集る
　〔たかる〕金品をまきあげること。もとは、虫が群がるさま→「蝿が集る」。「集まる」はもちろん「あつまる」、「集う」は「つどう」と読む。

□ 剥く
　〔むく〕表面のものを取り除くこと。「果物の皮を剥く」「一皮剥けば」など。「剥ぐ」は「はぐ」と読む→「頭の皮を剥ぐ」。

□ 与する
　〔くみする〕仲間になる。「力ある者に与する」など。「与える」はもちろん「あたえる」と読む。

□ 勤しむ
　〔いそしむ〕精を出す。「仕事に勤しむ」「日夜勤しむ」など。「勤める」はむろん「つとめる」と読む。

□ 過る
　〔よぎる〕横切る。頭のすみに浮かぶ。「影が過る」「不安が過る」など。「過つ」は「あやまつ」、「過ぎる」は「すぎる」と読む。

178

第10章　手強い動詞をスラスラ読めてこそ一人前です

- □ 魘される
- □ 漁る
- □ 窄める
- □ 抓る
- □ 託ける
- □ 肖る
- □ 寿ぐ
- □ 傅く

〔うなされる〕怖い夢をみて、苦しそうな声をあげる。なお、「夢に魘される」とはいうが、「熱に魘される」という言葉はない→○「熱に浮かされる」。

〔あさる〕探し求める。「古本を漁る」「ごみ箱を漁る」など。「すなどる」とも読み、これは「漁をする」という意味。

〔すぼめる〕小さくしぼむ。「肩を窄める」「口先を窄める」など。「窄い」は「せまい」と読む。

〔つねる〕指先で皮膚をつまみ、ねじる。「夢かと思い、頬を抓る」など。「抓む」は「つまむ」と読む。

〔かこつける〕他のことを口実にする。「用事に託けて街に出かける」など。「託す」は音読みにして「たくす」と読む。

〔あやかる〕人の長所や幸福と同じようになろうとする。「偉人に肖った名前」「幸福に肖る」など。「かたどる」とも読む→肖像。

〔ことほぐ〕言葉で祝福すること。「新春を寿ぐ」など。「言祝ぐ」とも書く。

〔かしずく〕人に仕え、世話すること。「帝に傅く」など。「傅」一字の訓読みは「もり」。

- □ 煌めく　【きらめく】　光輝く。「星が煌めく」「煌めくばかりの才能」など。「煌く」は「かがやく」と読む。

- □ 諳じる　【そらんじる】　暗誦する。書物などを見ないで、言えるように覚える。「経典を諳じる」など。

- □ 契る　【ちぎる】　固く約束をかわす。男女が肉体関係を持つことにも使う。「固い契り」「一夜の契りを交わす」など。

- □ 額ずく　【ぬかずく】　地面にひたいをつけてお辞儀する。「仏の前に額ずく」など。「額」一字の訓読みは「ひたい」。

- □ 漲る　【みなぎる】　あふれるほど、水が満ちている。力や感情などが満ちあふれている。「意欲が漲る」など。

- □ 聳える　【そびえる】　山や建物などが高く立つさま。「エレベストが聳える」「高層ビルが聳える」など。

- □ 肯んずる　【がえんずる】　聞き入れる。承諾する。「肯んじない」と、否定形で使うことが多い。

- □ 賺す　【すかす】　機嫌をとって、こちらの思う方向に仕向ける。「宥(なだ)め賺す」「脅した り賺したり」など。

第10章　手強い動詞をスラスラ読めてこそ一人前です

□ 漱ぐ　〔すすぐ〕水などで口の中を洗う。「夏目漱石」の「漱」。「漱」一字の訓読みは「うがい」。

□ 誑かす　〔たぶらかす〕騙し、惑わす。あざむく。「若い女性を誑かす」など。「誑す」は「たらす」と読む。

□ 憑かれる　〔つかれる〕悪霊など、禍々しいものに乗り移られる。「恋に憑かれた女が一人」「狐に憑かれる」など。「憑る」は「よる」と読む。

□ 糾う　〔あざなう〕縄をなう。撚り合わせる。「禍福は糾える縄の如し」など。「糾す」は「ただす」と読む。

□ 逼る　〔せまる〕勢いをもって近づいてくる。距離が小さくなる。「迫る」とも書く。「敵が間近まで逼る」など。

□ 絡げる　〔からげる〕衣服の一部をまくり上げる。「裾を絡げる」「十把一絡げ」など。

□ 褪せる　〔あせる〕色落ちする。盛んだったものが衰える。「色褪せた栄光」など。

□ 仰け反る　〔のけぞる〕仰向けにそる。「仰天ニュースに思わず仰け反る」など。

□ 鞣す　〔なめす〕動物の皮を加工し、柔軟性をもたせる。「動物の皮を鞣す」など。

□ 攣る　〔つる〕筋肉がつっぱったような感じになり、動かなくなること。痙攣の「攣」。「攣く」と書くと「ひく」と読む。

- □ 摩る
- □ 熱る
- □ 流離う
- □ 垣間見る
- □ 愚図る
- □ 時化る
- □ 不貞腐れる
- □ 逆上せる

〔さする・する〕「さする」は表面を軽くこすること。「する」と読めば「金を摩る」のように、使い果たすという意味。

〔ほてる〕あつくなること。「体が熱る」「顔が熱る」など。「火照る」とも書く。「熱る」は「いきる」とも読む。

〔さすらう〕目的もなく、歩き回る。「流離いの旅」など。「漂泊う」とも書く。

〔かいまみる〕すきまからのぞき見ること。「実態を垣間見る」など。「カキマミる」が音便変化した言葉。

〔ぐずる〕ぐずぐずいうこと。「赤ん坊が愚図る」など。「愚図」は、動作が遅く、決断力がない人のこと。

〔しける〕海が荒れること。なんとなくパッとしないという意味にも使う→「時化た顔つき」。

〔ふてくされる〕不平不満をかかえ、なげやりな態度をとる。「叱られて、不貞腐れる」など。

〔のぼせる〕頭に血がのぼること。「逆上する」と書けば、「ぎゃくじょうする」と読む。

5 読み方は同じでも意味はずいぶんと違います①

人の感情は、微妙なもの。そこで、「感情の表し方」をめぐって、微妙にニュアンスが違う多彩な漢字表現が生まれました。以下は、同じ読み方をしても、少しずつ意味の異なる漢字表現です。意味の違いをイメージできますか？

●いろいろな「みる」です。意味の違いをイメージできますか？

- □見る――最も一般的に使われている「みる」。
- □視る――注意して、よくみる。視察するというニュアンスを含む場合もある。
- □診る――患者をみる。判断するというニュアンスを含む→「診断」。
- □看る――これも、患者をみるだが、看護するという意味合いを含む→「看護」。
- □覧る――全体に目を通すという意味を含む→「総覧する」「便覧」。
- □監る――監督するという意味を含む→「監察」「監視」。
- □観る――映画や舞台などを観賞する場合に使う。
- □察る――すみずみまで観察するというニュアンスを含む。

□眄る——流し目でみる。

● いろいろな「うたう」です。適切に使いこなせますか？

□歌う——「うたう」こと一般に用いられる。独唱でも合唱でもオールマイティ。

□謳う——もとは合唱する意だが、いまは「理想を謳う」のように、「高らかに言う」という意味でよく用いられている。

□唄う——小唄や演歌など、"和風"の歌をうたうときに、よく用いられる。

□唱う——大声をあげてうたうというニュアンスを含む。

□吟う——小声でうたう。

● いろいろな「きる」です。意味の違いをイメージできますか？

□切る——「きる」こと、全般に用いられている。

□伐る——きりたおすというニュアンスを含む。樹木を伐る→「伐採」。

□斬る——刀で、きる。「切り込み」と書くと、単に切れ目を入れることだが、「斬り込み」と書くと、侍が斬り込むという意に。「世相を斬る」にも、この字がよく似合う。

□剪る——そろえてきるという意に。「枝を剪る」など、園芸関係でよく使われる→「剪定」。

□裁る——衣服をきる場合に使われる→「裁断」。

184

第10章　手強い動詞をスラスラ読めてこそ一人前です

● 「はかる」は、漢字による書き方が最も多い動詞。漢和辞典には、30例近くも載っていますが、ここでは7つの代表例を。もっともぴったりくる書き方を選べますか？

☐ 計る──最も一般的に用いられている「はかる」のオールマイティ。
☐ 測る──長さをはかる。「身長を測る」。
☐ 量る──重さをはかる。「体重を量る」。
☐ 忖る──人の心のうちをおしはかる→「忖度する」
☐ 図る──計画する→「企図する」。
☐ 謀る──人と相談し、計画する→「謀議」「謀り事」。
☐ 諮る──他の人の意見を聞く。「会議に諮る」→「諮問する」。

●「ただす」も、いろいろな書き方をする動詞。漢和辞典には、15例以上が載っていますが、ここでは代表的な5例を。意味の違いをイメージできますか？

☐ 糾す──きびしく問いただす→「糾問」「糾弾」。
☐ 正す──曲がっているものをまっすぐにただすというニュアンス。
☐ 直す──これも、まっすぐになおすこと。

□訂す——文字や文章の誤りを直すという意味→「校訂」「訂正」。
□質す——是非を問いただすというニュアンスを含む。今は（厳しめに）質問するという意味で、よく使われている。

●いろいろな「あやまる」です。"あやまり"にならないように書き方を選べますか？
□誤る——普通はこの字を使う。
□過る——故意ではないミスには、この字が似合う→「過失」。なお「過ち」は「あやまち」と読む。
□錯る——食い違うことによって、あやまりが生じるというニュアンス
□謝る——これは、意味の違う「あやまる」。あやまちを認め、頭を下げること。

●いろいろな「したがう」です。"あやまり"にならないように、書き方を選べますか？
□従う——最も一般的に使われている「したがう」。
□順う——道理に逆らわないというニュアンスを含む。「道理に順う」など。
□随う——人につき従うという意味。「主君に随う」など。
□遵う——尊んで、したがう。「法に遵う」→「遵法」「遵守」など。

6 読み方は同じでも意味はずいぶんと違います②

● いろいろな「よろこぶ」です。意味の違いをイメージできますか？

□ 歓ぶ——にぎやかによろこぶ。「歓びの声」には、この書き方がふさわしい。
□ 慶ぶ——（慶事などを）めでたいとよろこぶ。「古希を迎えたことを慶ぶ」など。
□ 悦ぶ——心のつかえがなくなるというニュアンス。「性の悦び」はこの字を使うことが多い。
□ 欣ぶ——息をはずませてよろこぶ→欣喜雀躍。

● いろいろな「おそれる」です。適切な書き方を選べますか？

□ 怖れる——おじけづくというニュアンスを含む。
□ 畏れる——おそれおおいと敬う。「神を畏れる」は、この字がふさわしい。

□ 惧れる──危ぶむという意味合いを含む。「将来を惧れる」など。
□ 怕れる──心配するというニュアンスを含む。

●いろいろな「いたむ」です。意味の違いをイメージできますか？

□ 悼む──人の死をいたむ。「友人の死を悼む」。
□ 悵む──望みを失い、嘆くという意。
□ 悽む──物悲しく思うというニュアンスを含む。
□ 傷む──心が破れるように激しく悲しむ。
□ 痛む──普通は「腰が痛む」など、心ではなく、体の痛みについて使うが、「胸が痛む」といえば、同情したり、後悔して胸が苦しいさま。

●いろいろな「いかる」です。意味の違いをイメージできますか？

□ 怒る──最も一般的に使われる「いかる」。
□ 嚇る──どなりつけて怒る。
□ 瞋る──目をむいて怒るというニュアンスを含む。「目を嗔(いか)らせる」はこの字を使う。
□ 忿る──激しく怒るという意味を含む。

188

第三部
教養が試される漢字編

第11章 「人」と「人間関係」をめぐる絶対外せない漢字です

ヒトが言葉を生み出したのは、他の人とコミュニケーションをとるため。もちろん、漢字にも、人や人間関係に関する言葉が多数含まれています。この項には、ほめ言葉、悪口をはじめ、人間関係や男女関係をめぐる多彩な言葉をまとめました。正しく読みこなしてください。

1 ほめ言葉に使われる漢字①

●まずは、人をほめる言葉から。読んでください。

□ 錚々たる

〔そうそう〕多くの中でとくにすぐれている。「錚々たるメンバー」など。「錚」には、金属の冴えた音という意味がある。

□ 御大

〔おんたい〕組織のトップに対する親しみをこめた呼び方。

第11章 「人」と「人間関係」をめぐる絶対外せない漢字です

□ 刮目
〔かつもく〕よく注意して見る。「刮目に値する」は、注意して見るくらい価値があるという意味。「男子三日会わざれば刮目して見るべし」など。

□ 枚挙に遑がない
〔いとま〕数えきれないほどたくさんある。「枚挙」は一つ一つ数えること。「遑」は「暇」と同じく「ヒマ」という意味。

□ 芳醇
〔ほうじゅん〕香り、味がよいこと。おもに、上質な酒の香りの形容に用いる。「ブランデーの芳醇な香り」「芳醇な味わい」など。

□ 矍鑠とした
〔かくしゃく〕年をとっていても、元気な様子。「矍鑠とした老人」など。

□ 従容とした
〔しょうよう〕ゆったりと落ち着いている。くつろいでいる。「従容とした態度で戦場に赴く」など。

□ 剛毅
〔ごうき〕すぐれていて強いこと。しっかりした意志を持ち、屈しないこと。「剛毅な性格」など。同じ音の「豪気」と混同しないように。

□ 雄渾
〔ゆうこん〕雄大でよどみがない。「雄渾な筆致」と、書画のほめ言葉によく使われる。

□ 殊勝
〔しゅしょう〕感心なさま。殊に勝れるという意。「殊勝にも」「殊勝な心がけ」など。

191

□ 偉丈夫　（いじょうふ）体がたくましくて立派な男。「堂々たる偉丈夫」など。「丈夫」につられて、「いじょうぶ」と読まないように。

□ 敏捷　（びんしょう）動作がすばやいこと。「敏」で「さとい」、「捷い」で「はやい」と読む。「ディフェンダーの敏捷な動き」など。

□ 慧眼　（けいがん）物事の本質をみぬく鋭い洞察力。「慧眼の士」は、深い洞察力をもつ人。「慧」で「さとい」と読む。

□ 敬虔　（けいけん）神仏などを真摯に敬うこと。「敬虔なクリスチャン」「敬虔な態度」など。「虔」には「つつしむ」という意味がある。

□ 颯爽とした　（さっそう）姿や行動がさわやかな様子。「颯爽とデビューする」など。「爽やか」で「さわやか」と読む。

□ 異名をとる　（いみょう）別名やあだ名。「異名をとる」は、「槍の又佐」などのように、すぐれた技量や能力に対して、別名で呼ばれること→×「いめい」。

□ 大黒柱　（だいこくばしら）家族や組織の中心となる人。もとは、家屋の支えとなる中央の太い柱。「一家の大黒柱」が定番の使い方。

□ 天稟　（てんぴん）天から授かった生まれつきの資質。「天稟の才」など。「稟」には、授かるという意味がある。

2 ほめ言葉に使われる漢字②

●引き続き、人をほめる言葉です。読んでください。

□ 清楚　〔せいそ〕　清らかで飾り気がないこと。

□ 溌剌とした　〔はつらつ〕　元気がよい様子。「元気溌剌」「溌剌とした働きぶり」など。

□ 洒脱　〔しゃだつ〕　あかぬけしていること。「軽妙洒脱」「洒脱な人柄」など。

□ 希有　〔けう〕　まれなこと。珍しいこと。「希有な出来事」「希有な事例」など。

□ 真髄　〔しんずい〕　最も大切な本質や極意。「芸術の真髄」など。

□ 流暢　〔りゅうちょう〕　話しぶりがなめらか。よどみがない。「流暢な英語」など。「暢びる」で「のびる」と読み、のびやかなという意味がある。

□ 燻銀　〔いぶしぎん〕　見た目は地味だが、実力ある人物。もともとは、硫黄の煤（すす）で曇りをつけた銀のこと。

□ 強靭　〔きょうじん〕　強くしなやかであること。「強靭な肉体」「強靭な精神」など。「靭やか」で「しなやか」と読む

□ 肥沃　〔ひよく〕　土地が肥えていて、農作物がよくとれること。「肥沃な三日月地帯」といえば、メソポタミア文明が栄えた地。「沃える」で「こえる」と読む。×「ひよう」。

□ 盤石　〔ばんじゃく〕　安定していて、びくともしないさま。「盤石の地盤」「磐石の構え」など。

□ 謙虚　〔けんきょ〕　つつましやかで控えめなこと。「謙虚な人柄」など。「謙る」で「へりくだる」と読む。

□ 明瞭　〔めいりょう〕　はっきりしているという意。「明らか」「瞭らか」ともに「あきらか」と読む。

□ 斬新　〔ざんしん〕　発想や趣向が新しいさま。「斬新なアイデア」など。「斬」ったばかりの木の切り口の「新」しさから生まれた語とみられる。

□ 闊達　〔かったつ〕　小さなことにこだわらないさま。「闊達な性格」「明朗闊達」「自由闊達」など。「闊」には「ひろい」という意味がある。

194

第11章 「人」と「人間関係」をめぐる絶対外せない漢字です

● 大人なら使いこなしたいほめ言葉です。読んでください。

□ **極上** 極めて上等なこと。「極上の品」など。〔ごくじょう〕

□ **堅牢**な 堅くて丈夫であるさま。「堅牢な建物」など。〔けんろう〕

□ **出色** 目だって優れていること。「出色の出来栄え」など。〔しゅっしょく〕

□ **造詣**が深い 深く通じていること。「仏教史に造詣が深い」など。〔ぞうけい〕

□ **無垢** 汚れていないこと。うぶなこと。「無垢な精神」「純真無垢」など。〔むく〕

□ **綺麗** 美しいこと。「奇麗」とも書く。〔きれい〕

□ **好漢** 感じのいい男性。「好漢、惜しむらくは」など。〔こうかん〕

□ **篤志家** 慈善活動をすすんで援助する人。志が篤い人。〔とくしか〕

□ **脱帽** 帽子を脱いで、相手に敬意を表すこと。〔だつぼう〕

□ **瀟洒** あかぬけていること。「瀟洒なペンション」など。〔しょうしゃ〕

□ **恰幅**がいい 体の恰好。「恰幅がいい紳士」など。〔かっぷく〕

□ **凄腕** すぐれた腕前。「凄腕の刑事」など。〔すごうで〕

□ **手練** 熟練してすぐれていること。〔てだれ〕

□ **趣がある** 風情のある様子。「趣ある風景」など。〔おもむき〕

□ **知嚢** すぐれた知恵の持ち主。知恵袋。「嚢」は「ふくろ」と訓読みする。〔ちのう〕

□ **豊穣** 作物がよく実ること。〔ほうじょう〕

195

3 「悪口」「ネガティブな表現」に使われる漢字 ①

●悪口の"格調"を高める熟語を集めました。読んでください。

□ 瑣末　〔さまつ〕とるに足らないささいなこと。「瑣末な話」「瑣末なことにこだわる」など。「瑣」には「ちいさい」という意味がある。

□ 破廉恥　〔はれんち〕恥知らず。「廉恥」(恥を知る高潔な心)を「破る」という意味。

□ 耄碌　〔もうろく〕年をとって、頭や体の働きが鈍くなること。「耄碌じいさん」など。なお「老い耄れる」で「おいぼれる」と読む。

□ 粗忽　〔そこつ〕そそっかしいこと。落語には『粗忽長屋』『粗忽の使者』など、「粗忽」とつく題目が多い。

□ 跋扈する　〔ばっこ〕気ままにふるまい、のさばること。「跋」は踏む、「扈」はやな(魚をとる仕掛け)という意味がある。魚がやなの中に入らないことから。

□ 首魁　〔しゅかい〕悪事などの首謀者。「陰謀の首魁」など。

第11章 「人」と「人間関係」をめぐる絶対外せない漢字です

□ **横車**を押す

□ **凡庸**

□ **万死**

□ **底意**がある

□ **虫酸**

□ **凋落**

□ **疎漏**

□ **禽獣**

〔よこぐるま〕 道理に合わないことを無理やりにする。車を横に押すような真似のこと。

〔ぼんよう〕 とりえがなく平凡なこと。「凡庸な精神」「上司の凡庸さに辟易する」など。

〔ばんし〕 「死」を強調した語で、成句によく登場する。「万死に値する」で「一万回の死に値するような罪（失敗）をおかす」、「万死を恐れず」で「命を惜しまず」、「万死に一生を得る」は「九死に一生を得る」と同じ意味。

〔そこい〕 心の奥底にひそむ考えや下心。「底意を感じさせる行為」など。

〔むしず〕 胃から上がってくる酸っぱい液。「虫酸が走る」は、胃がムカムカするほど嫌いという意味。

〔ちょうらく〕 おちぶれる。「凋落の一途をたどる」など。「凋」には「しぼむ」という意味がある。「凋」を旁につられて、シュウと誤読しないように。

〔そろう〕 大ざっぱで漏れがあること。「疎漏な計画」がよく使う形。

〔きんじゅう〕 禽（訓読みは「とり」）と獣（けもの）。「禽獣にも等しい」で、人の道理をわきまえないさま。

- □ 晦渋　〔かいじゅう〕　文章などが難しく、意味がわかりにくいこと。「晦渋な文章」など。「晦い」で「くらい」と読むが、この場合は、はっきりしないという意味。

- □ 牽強付会　〔けんきょうふかい〕　自分に都合のいいように、理屈をこじつけること。「牽強」にも「付会」にもこじつけるという意味がある。

- □ 間尺　〔ましゃく〕　建築物などの寸法。「間尺に合わない」は「割りに合わずに損をする」という意味。

- □ 画餅　〔がべい〕　絵に描いた餅のように、役に立たないもののたとえ。「画餅に帰す」は、計画倒れに終わるという意味。

- □ 眉唾　〔まゆつば〕　怪しいと思い、用心するさま。眉毛に唾をつけると、狐にだまされないという俗信から。「眉唾物」など。「眉に唾をつける」という慣用句もある。

- □ 長広舌　〔ちょうこうぜつ〕　えんえんと話しつづけること。「国の将来について、長広舌を振るう」など。

- □ 放埒　〔ほうらつ〕　気ままにふるまうこと。「放埒な暮らしぶり」など。埒には「かこい」という訓読みがあり、「かこいから放つ」という意味。

198

4 「悪口」「ネガティブな表現」に使われる漢字②

● いろいろな悪口です。読んでください。

□ 亜流　〔ありゅう〕二番煎じ。「亜ぐ」で「つぐ」と読み、次になるという意味がある。「しょせんは、あの名作の亜流だ」など。

□ 薄情　〔はくじょう〕情けが薄いこと。愛情が薄く、冷たいこと。「薄情な女」「薄情な話」など。

□ 冗漫　〔じょうまん〕だらしなく続くこと。「冗漫な文章」「冗漫な描写」など。「冗」には「むだ」という訓読みがある。

□ 虚仮　〔こけ〕愚か者のこと。「人を虚仮にする」など。もとは仏教用語で、真実ではないという意味。

□ 遊冶郎　〔ゆうやろう〕酒や女におぼれ、身を持ち崩した男。この「冶」には「とける」という意味がある。

□ 驕慢　〔きょうまん〕おごり高ぶるさま。「驕慢な態度」など。「驕る」は「おごる」、「慢る」は「あなどる」と読む。

□ 愚直　〔ぐちょく〕馬鹿正直で気がきかないこと。ただし、近頃は地道にマジメというニュアンスで、ほめ言葉として用いられることもある。

□ 三一　〔さんぴん〕身分の低い武士を卑しめていう言葉。

□ 度し難い　〔どしがたい〕救いがたいこと。「済度し難い」を略した言葉で、「済度」は仏教語で人を救い出すこと。「本当に度し難い奴だ」など。

□ 頓馬　〔とんま〕間が抜けている者みられる。「頓痴気（とんちき）」と「鈍間（のろま）」が合体してできた言葉とみられる。「頓馬な話」など。

□ 田夫野人　〔でんぷやじん〕田舎者。風流を知らない人。「田夫」は農夫、「野人」は野暮な人のこと。

□ 突飛　〔とっぴ〕風変わりなさま。思いもかけないさま。「突飛なファッション」「突飛な思いつき」など。

□ 陋劣　〔ろうれつ〕卑しく劣っていること。「陋」には「いやしい」という意味がある。

第11章 「人」と「人間関係」をめぐる絶対外せない漢字です

● 引き続き、ネガティブな意味の言葉です。読んでください。

□ **碌でもない** くだらない。漢字は当て字で意味はない。 〔ろくでもない〕

□ **矮小化** 規模を小さくすること。「問題を矮小化する」など。 〔わいしょうか〕

□ **酔狂** 変わったものを好む物好き。「酔狂な話」など。 〔すいきょう〕

□ **指弾** 指で弾く。つまはじきにすると同様、非難するという意。 〔しだん〕

□ **悪辣** きわめてたちが悪い。「悪辣きわまる手段」など。 〔あくらつ〕

□ **拙い** 下手という意味。「拙い技量」「拙い英語」など。「まずい」とも読む。 〔つたない〕

□ **大時代** 古臭いこと。×「だいじだい」。 〔おおじだい〕

□ **毒舌** 口が悪い。きわどい皮肉。この「舌」は話すという意。 〔どくぜつ〕

□ **横着** 図々しいこと。怠けること。 〔おうちゃく〕

□ **横柄** 態度が大きいこと。 〔おうへい〕

□ **悪食** ゲテモノ食いのこと。×「あくしょく」。 〔あくじき〕

□ **不細工** 見た目が美しくないという意味。 〔ぶさいく〕

□ **軽率** 軽はずみなさま。「軽率きわまる発言」など。 〔けいそつ〕

□ **堕落** みじめにおちぶれる。「堕ちる」で「おちる」と読む。 〔だらく〕

□ **鈍ら** 切れ味が鈍いこと。「鈍ら刀」など。 〔なまくら〕

201

- □ 大仰な　おおげさなこと。「大仰な話」など。　〔おおぎょう〕
- □ 無粋　粋ではないこと。「無粋な奴」など。　〔ぶすい〕
- □ 穀潰し　役に立たない者を罵っていう言葉。　〔ごくつぶし〕
- □ 強突張り　自分の利益しか考えない欲張り。「業突張り」とも書く。　〔ごうつくばり〕
- □ 臍曲がり　ひねくれて、素直に従わない者。　〔へそまがり〕
- □ 贅六　江戸っ子が関西人をあざけって呼ぶ言葉。　〔ぜいろく〕
- □ 破落戸　人をゆすったり、いやがらせをして生きる者。悪党。　〔ごろつき〕
- □ 節穴　本質を見抜けないさま。「女性に対して節穴か」など。　〔ふしあな〕
- □ 朴念仁　ものわかりの悪い人。「君の目は朴念仁」など。　〔ぼくねんじん〕
- □ 大雑把　細部にまで注意が行き届かないさま。おおまか。　〔おおざっぱ〕
- □ 落魄　おちぶれて、みじめになること。「落魄の身の上」など。　〔らくはく〕
- □ 懈怠　怠けておろそかにする。「懈る」も「おこたる」と読む。　〔けたい〕
- □ 無頼　無法な行い。「無頼漢」は、そのような振る舞いをする者。　〔ぶらい〕
- □ 突拍子　突拍子もない　的外れなこと。　〔とっぴょうし〕
- □ 零落　落ちぶれること。　〔れいらく〕
- □ 得体　本当の姿。正体。「得体が知れない」で、本性がわからないこと。　〔えたい〕

5 どんな「人」かわかりますか？①

● 「人を表す言葉」です。さて、どんな人でしょう？

□ 寝業師

〔ねわざし〕裏工作が巧みな人。「政界の寝業師」など。

□ 汝

〔なんじ〕あなたという意味。「汝盗むなかれ」など。対等かそれ以下の者に対して使う言葉。

□ 御曹司

〔おんぞうし〕名門の子弟。平安時代、まだ独立していない公家の子弟を「御曹司」と呼んだことから。

□ 独活の大木

〔うどのたいぼく〕体ばかり大きくて、役に立たない者。「うど」は食用になるが、60〜70センチが食べ頃で、それ以上、成長すると、茎が固くなって食べられなくなることから。

□ 眷族

〔けんぞく〕血のつながりのある者の集まり。「眷」には身内という意味がある。「一家眷属」など。

□ 曰く付きの人物　〔いわくつき〕　よくない経歴があったり、悪い噂が立っている人物。

□ 股肱の臣　〔ここう〕　君主の手足になる部下。「股」は「また」「もも」、「肱」は「ひじ」と訓読みする。つまり、「股肱」は手足という意味になる。

□ 碩学　〔せきがく〕　広く深い学識をもつ学者。「当代きっての碩学」など。「碩きい」で「おおきい」と読む。

□ 石部金吉　〔いしべきんきち〕　生真面目で融通がきかない人のこと。硬い石と金を並べ、人名のように見立てた言葉。ことわざでは、「石部金吉金兜」と続く。

□ 総帥　〔そうすい〕　全軍を率いる総大将のこと。企業や組織の長。「財閥の総帥」派閥の総帥」など。

□ 木偶坊　〔でくのぼう〕　もとは、操り人形のこと。そこから、人のいいなりになって、役に立たない人を罵る語に。

□ 宦官　〔かんがん〕　宮廷に仕えるため、去勢された男性のこと。「宦える」で「つかえる」と読む。

□ 本因坊　〔ほんいんぼう〕　囲碁のタイトル戦のタイトルホルダー。もとは、囲碁の家元の名。

第11章 「人」と「人間関係」をめぐる絶対外せない漢字です

● まだまだ、こんな人もいます。読んでください。

□ 末裔　子孫のこと。「王家の末裔」「名家の末裔」など。　［まつえい］

□ 奴婢　奴隷。律令制で決められた賤民。奴は男子、婢は女子を指す。　［ぬひ］

□ 道産子　北海道生まれの人のこと。本来は、北海道産の馬のこと。　［どさんこ］

□ 辛党　甘い菓子などよりも、酒を好む人のこと。反対語は「甘党」。　［からとう］

□ 小兵　小柄な人物。「小兵力士」など。　［こひょう］

□ 公達　皇族の子弟子女。そこから、身分の高い若い男性の総称。　［きんだち］

□ 倅　息子。「伜」とも書く。　［せがれ］

□ 防人　古代、北九州の防備についた兵士。　［さきもり］

□ 山家育ち　山村や山里で育った人。　［やまが］

□ ご新造　年配の女性の敬まった呼び方。「ご新造さん」など。　［ごしんぞう］

□ 刀自　人の妻の敬称。「家刀自」など。　［とじ］

□ 端役　演劇や映画の主要ではない役柄につく人。　［はやく］

□ お喋り　よくしゃべる人。もしくは雑談。　［おしゃべり］

□ 天邪鬼　人にわざと逆らう者。昔話に出てくる悪者。　［あまのじゃく］

□ 守銭奴　金銭に執着する強欲な人。　［しゅせんど］

□ 成金　短期間に富を築いた人。将棋の「歩」は敵陣で、「金」に成る。　［なりきん］

205

- □ 大食漢　ひじょうによく食べる人。〔たいしょくかん〕
- □ 腹心の部下　心の奥底。「腹心の部下」は心から信頼できる部下。〔ふくしん〕
- □ 商売敵　商売上の競争相手。「商売仇」とも書く。〔がたき〕
- □ 雀士　プロの麻雀打ち。〔じゃんし〕
- □ 蒼氓　人民のこと。「氓」には「たみ」という訓読みがある。〔そうぼう〕
- □ 間諜　スパイのこと。「諜」で「うかがう」と読む。〔かんちょう〕
- □ 舎弟　弟分。もとは、自分の弟を指す謙譲語。〔しゃてい〕
- □ 検非違使　平安時代、京の都で警察業務を担当した令外官。〔けびいし〕
- □ 老爺　年取った男。〔ろうや〕
- □ 落人　戦いに敗れ、逃げ落ちた人。「平家の落人」など。〔おちうど〕
- □ 駅者　馬を操り、馬車を走らせる者。〔ぎょしゃ〕
- □ 道化者　滑稽な身ぶりや言葉で、人を笑わせる者。〔どうけもの〕
- □ 法螺吹き　でたらめなことを言う者。〔ほらふき〕
- □ 先達　先輩や指導者。「せんだち」とも読む。〔せんだつ〕
- □ 鉄面皮　厚かましいこと、鉄のように、面の皮が厚いという意味。〔てつめんぴ〕
- □ 烏合の衆　烏が集まり騒ぐように、人数ばかり多く、規律のない集まり。〔うごう〕

第11章 「人」と「人間関係」をめぐる絶対外せない漢字です

6 どんな「人」かわかりますか？②

ほめたり、けなしたり、いろいろな人を表す言葉です。さて、どんな人でしょう？

□ 刎頸の友
〔ふんけいのとも〕 硬い友情で結ばれた友人。「刎頸の交わり」は、その友人のためなら、首をはねられても悔いないほど、深い絆で結ばれた友情。中国の史書『史記』に由来。

□ 立志伝中の人
〔りっしでんちゅうのひと〕 逆境から身を起こし、努力を重ねて成功した人。「立志伝」は、逆境のなかからはい上がり、成功した人の伝記のこと。

□ 犬公方
〔いぬくぼう〕 徳川幕府の五代将軍、徳川綱吉の別称。「生類憐みの令」を出して、犬を極端に愛護したことから。

□ 茶坊主
〔ちゃぼうず〕 権力者の周囲にいて、媚へつらう人。もとは、城中で茶の湯や給仕などを務めた者。剃髪して坊主の恰好をしていたため、この名で呼ばれた。

□ 泰斗

□ 大御所

□ 二股膏薬

□ 廊下鳶

□ 麒麟児

□ 昼行灯

□ 畏友

〔たいと〕 その道の大家。最も権威のある人。「泰山北斗」の略で、「泰山」は中国・山東省にある名山、「北斗」は北斗七星のこと。「憲法学の泰斗」など。

〔おおごしょ〕 第一人者として、大きな勢力を持つ者。もとは、親王の隠居所を指し、後に摂政や関白の父の尊称、退位した将軍（とくに徳川家康）の尊称として使われた。

〔ふたまたこうやく〕 状況しだいで、敵味方のどちら側にもつく者。股の内側に貼った膏薬が、左右の股に、くっついたり離れたりすることから。

〔ろうかとんび〕 用もないのに廊下をウロウロする者。もとは遊廓の言葉で、遊女を待ちわびた客が廊下を歩き回るさまを指した。後に、官庁などの廊下を歩き回る新聞記者の代名詞に。

〔きりんじ〕 ひじょうにすぐれた少年。「麒麟」は中国の想像上の動物で、優れた人物をたとえるときに用いる語。

〔ひるあんどん〕 ぼんやりして、間の抜けた人。夜、暗がりを照らすための行灯を昼間使っても意味がないことから。大石内蔵之助はこう呼ばれていたとか。

〔いゆう〕 尊敬する友。「畏れる」は「おそれる」、「畏まる」は「かしこまる」と読む。

第11章 「人」と「人間関係」をめぐる絶対外せない漢字です

□ 無辜の民
□ 我利勉
□ 半可通
□ 堅物
□ 貴方
□ 癇癪持ち
□ 非力
□ 岳父
□ 太公望

（むこ）罪のない人々。「辜」は「つみ」と訓読みし、それが無いという意味。

（がりべん）がむしゃらに勉強する人をあざける言葉。「我利」は当て字。

（はんかつう）よく知らないのに、知っているような顔をする人。「半可」は生半可にも使うように、未熟なこと。

（かたぶつ）頑固でまじめな人のこと。「あんな堅物見たことない」など。

（あなた）対等または目下に対する呼び方。「貴方」という書き方は、敬称のようだが、現代では年配者に対して使うと失礼になる。

（かんしゃくもち）神経質で怒りやすい人。「癇にさわる」も「癪にさわる」も、腹ただしくて気に入らないという意味。

（ひりき）腕力や筋力、あるいは権力や勢力が弱いこと。「非力な存在」など。

（がくふ）妻の父のこと。中国に「岳婿山」という山があり、「婿」の上にある「岳」は「嫁の父」というシャレから生まれた語。

（たいこうぼう）魚を釣る人。古代中国の周の時代、呂尚が釣りをしていると、文王が「あなたこそ、父・太公の待ち望んでいた人」と言って、自分の師とした。以来、呂尚を「太公望」と呼んだことから。

● 職人・商人にまつわる漢字を集めてみました。読んでください。

□ 研師　刃物や鏡を研ぐ人。　　　　　　　　　　　　　　　〔とぎし〕

□ 塗師　漆を塗って漆細工をつくる人。　　　　　　　　　　〔ぬし〕

□ 殺陣師　映画や芝居の立ち回りの型を教える人。　　　　　〔たてし〕

□ 石工　山から石を切り出して加工する人。　　　　〔せっこう・いしく〕

□ 杜氏　酒をつくる職人。　　　　　　　　　　　　　　　　〔とうじ〕

□ 経師屋　屏風や掛け軸を表装する職人。　　　　　　　　　〔きょうじや〕

□ 指物師　家具職人。「江戸指物師」など。「指す」は寸法を測るという意。〔さしものし〕

□ 象嵌師　美術品などに模様をきざみ、はめこむ仕事をする人。〔ぞうがんし〕

□ 藍染屋　藍で染めた品を売る店。　　　　　　　　　　　　〔あいぞめや〕

□ 香具師　テキ屋のこと。縁日などで商品を巧みに売る商人。　〔やし〕

□ 鳶職　高所作業を担当する建築関係の職人。単に「鳶」とも。〔とびしょく〕

□ 軽業師　綱渡りなどの曲芸を演じる人。　　　　　　　　　〔かるわざし〕

□ 棟梁　大工をまとめる親方。棟も梁(はり)も、家に欠かせないところから。〔とうりょう〕

□ 居職　自宅でする職人仕事につく者。大工など外で仕事をする者は「出職(でじょく)」。〔いじょく〕

□ 職人気質　頑固で意地っ張りといった職人らしい性質。　　〔しょくにんかたぎ〕

210

7 よく耳にするのに、案外読めない漢字

● 人の性格やキャラクターを表す漢字です。読んでください。

□ 賢しい　（さかしい）かしこくて聡明な様子。「小賢しい」となると、ネガティブなニュアンスが生じ、「小賢しい発言」などと使う。

□ 因業　（いんごう）頑固、冷たく、欲深なこと。もとは仏教用語で、前世の報いを受ける原因となる業を指す。「因業親爺」など。

□ 可憐　（かれん）いじらしく、かわいらしい。「純情可憐」「可憐な少女」など。「憐れむ可き」からきた語。

□ 狡猾　（こうかつ）ずるがしこいこと。「狡い」には「ずるい」のほか、「わるがしこい」という訓読みもある。「猾い」も「わるがしこい」と読む。

□ 茫洋とした　（ぼうよう）広すぎて見当がつかないさま。「茫洋とした人物」「茫洋とした表現」など。

□ 貪婪

【どんらん】 欲張りで、むさぼろうとするさま。「貪婪な性格」など。「貪る」も「婪る」も、「むさぼる」と読む。

□ 夜郎自大

【やろうじだい】 自分の力量を知らず、仲間内だけでいばること。夜郎という小国の者が大国・漢の使者に対して、尊大な態度を示したという故事から。

□ 慇懃

【いんぎん】 うやうやしく丁寧なこと。「慇懃な態度」「慇懃無礼」など。「慇」「懃」ともに、「ねんごろ」と訓読みする。

□ 姐御肌

【あねごはだ】 気っぷがよく、頼もしげな女性の気性。「姐」一字でも「あねご」と読む。

□ 男勝り

【おとこまさり】 男性にもまさるくらい勝気な女性の気性。「男勝りの性格」など。

□ 蒲魚

【かまとと】 知っているのに、ウブなようによそおって、知らないふりをするという意。蒲鉾が魚（トト）できていることを知らないふりをすることから。

□ 我儘

【わがまま】 自分勝手に振る舞うこと。「儘」を使う言葉には、ほかに「気儘」「意の儘」「有りの儘」などがある。

212

第11章 「人」と「人間関係」をめぐる絶対外せない漢字です

● 引き続き、性格やキャラクターを表す漢字です。読んでください。

□ 突慳貪　とげとげしい態度を表す語。 ［つっけんどん］

□ 剽軽　滑稽で軽快なこと。「剽軽な奴」など。 ［ひょうきん］

□ 姑息　その場の間に合わせ。本来は「卑怯な」という意味はない。 ［こそく］

□ 磊落　小さなことにこだわらないさま。「豪放磊落」など。 ［らいらく］

□ 辛辣　手厳しいこと。「辛辣な意見」など。 ［しんらつ］

□ 野放図　思うままにふるまうさま。「野放図な性格」など。 ［のほうず］

□ 犀利　頭が切れ、鋭いさま。「犀利な分析」など。 ［さいり］

□ 独法師　一人であること。 ［ひとりぼっち］

□ 窶れる　やせおとろえること。 ［やつれる］

□ 阿婆擦れ　身持ちの悪い女性に対する罵り言葉。 ［あばずれ］

□ 捌けた　世間慣れし、ものわかりがいいこと。 ［さばけた］

□ 衒学的　知識があることをひけらかす様子。 ［げんがくてき］

□ 憔悴　やつれること。 ［しょうすい］

□ 中庸　考えが偏っていないさま。「中庸な判断」など。 ［ちゅうよう］

● 気持ちや五感を表す漢字です。読んでください。

☐ 鶏冠にくる　頭にくること。「鶏冠」はニワトリの頭部の赤い突起。　〔とさかにくる〕

☐ 啞然とする　呆れて空いた口がふさがらないさま。　〔あぜん〕

☐ 溜息　感心したり失望したときなどにつく息。「溜息まじり」。　〔ためいき〕

☐ 鬱積　不満のはけ口がなく、心にたまること。「不満が鬱積する」。　〔うっせき〕

☐ 小癪な　こざかしくて生意気な。「小癪な物言い」など。　〔こしゃくな〕

☐ 屁っ放り腰　自信のない腰つき。逃げ腰。　〔へっぴりごし〕

☐ 憐憫　憐れんで情けをかけること。「憫れむ」も「あわれむ」と読む。　〔れんびん〕

☐ 逡巡　しりごみしてためらうこと。「逡く」で「しりぞく」と読む。　〔しゅんじゅん〕

☐ 諦念　あきらめの気持ち。　〔ていねん〕

☐ 御冠　機嫌が悪いさま。「冠を曲げる」という成句に由来。　〔おかんむり〕

☐ 慷慨　怒って嘆くこと。「悲憤慷慨」など。　〔こうがい〕

☐ 渋面　にがにがしい顔つき。「渋面を作る」など。　〔じゅうめん〕

☐ 欣快の至り　たいへん喜ばしく、気分がいいこと。　〔きんかいのいたり〕

☐ 冥利に尽きる　この上ない幸せ。「男冥利に尽きる」など。　〔みょうり〕

第11章 「人」と「人間関係」をめぐる絶対外せない漢字です

- □ 随喜の涙　心からありがたいと思って流す涙。〔ずいき〕
- □ 幸甚　何よりのしあわせ。「幸甚に思います」など。〔こうじん〕
- □ 心悲しい　何となくもの悲しい。「心悲しい気分」など。〔うらがなしい〕
- □ 朦朧とする　意識がはっきりしていない様子。〔もうろう〕
- □ 瞠目する　驚いたり感心して、目を大きく見開く。〔どうもく〕
- □ 歯触りがいい　歯で食べ物を噛んだときの感覚。「歯触りがいい（悪い）」。〔はざわり〕
- □ 顰めっ面　不快に思い、しかめた顔。「顰める」で「しかめる」と読む。〔しかめっつら〕
- □ 馥郁たる　いい香りがただよう様子。「馥り」で「かおり」と読む。〔ふくいくたる〕
- □ 疝痛　はげしい腹痛。「疝」は漢方で腹痛を表す文字。〔せんつう〕
- □ 讒言　事実を偽って言う告げ口。「讒る」で「そしる」と読む。〔ざんげん〕
- □ 胡乱　疑わしいこと。「胡乱な目つき」など。〔うろん〕
- □ 嘲弄　嘲り、愚弄すること。〔ちょうろう〕
- □ 閑談　無駄話。「閑談にムダな時間を費やす」など。〔かんだん〕
- □ 爪弾きにする　嫌って、のけものにすること。〔つまはじき〕
- □ 仲違い　仲が悪くなること。×「なかちがい」。〔なかたがい〕

215

8 男と女にまつわる意外な漢字

● 男と女にまつわる漢字です。読んでください。

□ 高嶺の花
[たかね] 高い嶺（山頂）に咲く花。見るだけでふれられないという意から、「手を出せない女性」のこと。「彼女は高嶺の花だ」など。

□ 傾城
[けいせい] 絶世の美女。君子を夢中にさせ、城を傾けさせることから。「傾国」も同じ意味。

□ 虜
[とりこ] 生きたまま捕らえた敵。そこから「虜になる」で、あるものに心を奪われた状態を指す。

□ 恋慕
[れんぼ] 恋い慕うこと。「横恋慕」は、恋人や夫婦の間に割り込むような恋心をいだくこと。

□ 蜜月
[みつげつ] 英語のハネムーンを意訳し、漢字を当てたもの。「蜜月旅行」はハネムーンのこと。「日韓の蜜月時代」のように比喩的にも使う。

第11章 「人」と「人間関係」をめぐる絶対外せない漢字です

□ **嬶天下**
〔かかあでんか〕妻が強く、夫の頭がどうにもあがらないこと。「嬶天下に空っ風」は上州名物といわれる。

□ **焼棒杭**
〔やけぼっくい〕燃え残った切り株。「焼棒杭に火がつく」は、いったん別れた男女が再び恋心を燃え上がらせ、付き合いを再開すること。

□ **三行半**
〔みくだりはん〕江戸時代、夫が妻にわたした離縁状。離婚の理由などを三行半で書いたことから。

□ **耽溺**
〔たんでき〕（酒や女に）夢中になってはまること。「耽る」は「ふける」と読む。

□ **甲斐性**
〔かいしょう〕立派で頼りがいあること。「甲斐性がない」は頼りないという意。

□ **靡く**
〔なびく〕魅了され、心を移すこと。「草木も靡く」など。

□ **鰾膠もない**
〔にべもない〕とりつくしまがない。「鰾」は、ニベ（魚）の鰾（うきぶくろ）からつくった膠。そこから「くっつく＝親密」という意が生じ、それがないので、この意味になる。

□ **琴瑟相和す**
〔きんしつあいわす〕琴と瑟（中国の弦楽器）の音がよく合うように、夫婦仲がいいという意味。「瑟」は「おおごと」と訓読みする。

- □ 同衾　〔どうきん〕男女がいっしょに寝ること。「衾」は「ふすま」と訓読みし、寝るときに使う夜具のこと。

- □ 番う　〔つがう〕交尾する。動物用の言葉で、人間には使わない。「番い」はオスとメスのセット。

- □ 鴛鴦の契り　〔えんおうのちぎり〕夫婦仲がむつまじいこと。「鴛鴦」はつがいの仲がいいとされるおしどりのこと。

- □ 開ける　〔はだける〕襟元、裾などが広がる。「胸元を開ける」など。むろん「ひらける」とも読む。

- □ 労る　〔いたわる〕弱い立場の人に親切に接する。「妻を労る」など。「労う」と書けば「ねぎらう」と読む。

- □ 愛しい　〔いとしい〕かわいいと思うさま。愛の訓読みは、ほかに「愛でる」（めでる＝愛玩）、「愛しむ」（おしむ＝愛惜）など。

- □ 窈窕　〔ようちょう〕美しく、しとやかなさま。「窈窕とした美人」など。「窕しい」で「うつくしい」と読む。

第12章 「食」と「身体」の言葉は難読漢字の宝庫です

ふだんよく耳にしている食べ物周辺の言葉も、漢字で書かれると、案外、読めないもの。難読文字が多い植物や魚の名前が食べ物の名前にも使われていることが、難読化の一因のようです。

この項には、今でも漢字で書くことが多い、食べ物周辺の言葉と、暮らしをめぐる言葉を集めました。朝飯前とばかりに、お読みください。

1 食べ物をめぐる漢字①

●食べ物をめぐる言葉です。読んでください。

□ 牡蠣

〔かき〕食用の貝。昔、カキには牡(おす)しかいないと思われていたことから、この字を当てるようになったとみられる。「蠣」一字でも「かき」と読む。「牡蠣鍋」など。

□ 重湯

〔おもゆ〕米を炊いたときにできる糊(のり)状の汁。流動食として使われる。

□ 蚕豆　〔そらまめ〕マメの一種。サヤの形が蚕の繭に似ていることから、こう書く。「空豆」とも書く。

□ 白焼き　〔しらやき〕魚にタレをつけず、そのまま焼くこと。「鰻の白焼き」など。×「しろやき」。

□ 舌鼓　〔したつづみ〕おいしい料理を食べたとき舌を鳴らすこと。鼓は楽器の「つづみ」であり、「したつづみ」と読むのが正しいが、発音しにくいこともあって「したづづみ」と読む人が多い。辞書は「したつづみ」を見出し語とし、「したづづみ」をその「転」としていることが多い。

□ 銀舎利　〔ぎんしゃり〕ご飯のこと。「舎利」は本来遺骨を意味するが、寺院で隠語として白飯を意味するようになった。

□ 柳川　〔やながわ〕泥鰌（どじょう）とゴボウを煮て卵でとじた料理。九州の柳川市も「やながわ」と読む。

□ 青柳　〔あおやぎ〕バカ貝の身の寿司ネタとしての名前。かつての産地、千葉県市原市の青柳という地名に由来する。

□ 老舗　〔しにせ〕長く続いている店。語源は「（前に）似せる」という意味の「為似（しに）す」とみられ、老舗と書くのは典型的な熟字訓。

第12章 「食」と「身体」の言葉は難読漢字の宝庫です

□ 黄粉

□ 温州蜜柑

□ 河豚

□ 割烹

□ 冷奴

□ 旨味

□ 沢庵

〔きなこ〕 大豆を煎ってひいた粉。こう書くのは文字どおり「黄色い粉」だから。「黄粉餅」など。

〔うんしゅうみかん〕 江戸初期、中国浙江省の温州から、もたらされたので、この名に。×「おんしゅう」。

〔ふぐ〕 うまいが毒性をもつ魚。「河豚は食いたし命は惜しし」など。俗に「鉄砲」と呼ぶのは、ともに「当たる」と命を落とすから。なお「海豚」と書くと「イルカ」。

〔かっぽう〕 肉を割いて、烹ることから、もとは調理するという意味。今は、料理を出す店という意味で使われている。「大衆割烹の店」など。

〔ひややっこ〕 冷やした豆腐。昔、主人の槍をもつ奴の衣装紋が豆腐と同じ正方形だったことから。

〔うまみ〕 おいしい味。「旨味がある取引」など、商売などでいい思いをするという意味でも用いる。

〔たくあん〕 ダイコンを干し、塩づけにしたもの。沢庵和尚の名に由来するという説は俗説。「たくわえ漬け」が変化したとみられる。

●引き続き、よく耳にしている食べ物をめぐる言葉。読んでください。

□出汁　カツオなどを煮出してとった旨味。　　　　　　　　　　　　　　　　〔だし〕

□海苔　のり巻きのノリ。「浅草海苔」など。　　　　　　　　　　　　　　　　〔のり〕

□尾頭付き　頭から尾までついた祝い用の焼き魚。×「御頭付き」。　〔おかしらつき〕

□海の幸　海でとれる魚介類。山でとれる山菜や獣は「山の幸」。　　　〔うみのさち〕

□煮凝り　ゼラチン質の多い魚を煮て冷まし、煮汁とともに固めた料理。〔にこごり〕

□湯気　湯の表面からたちのぼる水蒸気。　　　　　　　　　　　　　　　　　〔ゆげ〕

□柚子　酸味の強い柑橘類の一種。「柚」一字でも「ゆず」と読む。　　　　　〔ゆず〕

□惣菜　おかずのこと。　　　　　　　　　　　　　　　　　　　　　　　　〔そうざい〕

□烏賊　一〇本足の軟体動物。「烏賊の塩辛」など。　　　　　　　　　　　　〔いか〕

□海老　腰が曲がったような形を老人に見立てて、こう当て字した。　　　　〔えび〕

□蕗　早春の野草。おでんなどにして茎の部分を食べる。　　　　　　　　　〔ふき〕

□蒟蒻　おでんなどにして食べるコンニャク。　　　　　　　　　　　　〔こんにゃく〕

□一尾　「尾」は魚を数える単位。魚一匹の意。　　　　　　　　　　　　　〔いちび〕

□南瓜　カンボジアから伝わり「かぼちゃ」という名に。　　　　　　　　〔かぼちゃ〕

□饅頭　皮で餡などを包んだお菓子。「まんとう」とも読む。　　　　　　〔まんじゅう〕

□佃煮　小魚などを醤油などで煮た食べ物。江戸の佃島で作られたから。〔つくだに〕

222

2 食べ物をめぐる漢字 ②

● これらも、おなじみの食べ物をめぐる言葉ぞろい。読んでください。

□ 西瓜　［すいか］　夏の果物。西方から伝わったので「西瓜」。「西瓜割り」など。

□ 冬瓜　［とうがん］　身の白い大きな野菜。冬の瓜と書くが、旬は夏。ただし、冬まで貯蔵することができる。

□ 胡瓜　［きゅうり］　浅漬けなどにする野菜。「黄色い瓜」からきた名。

□ 甜瓜　［めろん］　マスクメロン、プリンスメロンのメロンのこと。「甜」には甘いという意味がある。

□ 牛蒡　［ごぼう］　長く茶色い根菜。「牛蒡抜きにする」は、牛蒡を土から一気に引き抜くさまから。

□ 粽　［ちまき］　細長い餅菓子。五月五日の節句に食べる。

- □ 葱
- □ 胡桃
- □ 素麺
- □ 備長炭
- □ 唐揚げ
- □ 精進料理
- □ 早生
- □ 強力粉

【ねぎ】 薬味などにするネギ。「分葱」は「わけぎ」と読む。なお「浅葱色(あさぎ)」は薄い緑色、「萌葱色(もえぎ)」は明るい緑色。

【くるみ】 殻の中の実をたべる果実。「胡(西域)からきた桃」という意味。「胡桃割り人形」など。

【そうめん】 小麦粉でつくる細い麺。もとは「索麺」だったが、「素麺」と書き間違えられて定着した。なお「索」は縄のことで、縄のように細長いという意味。

【びんちょうたん】 和歌山県産の質のいい木炭。現代では、良質の炭の代名詞のように使われている。

【からあげ】 衣をつけず、小麦粉などをすこしまぶすだけで、魚や肉などを揚げたもの。「空揚げ」とも書く。

【しょうじんりょうり】 肉や魚を使わず、米や野菜などでつくる料理。「五薫(ごくん)」と呼ばれるニラやニンニクなど、五種類の匂いの強い野菜も用いない。

【わせ】 早く実をつける作物。比喩的に、早熟なこと。反対語は「晩生(おくて)」。こちらは、成熟がおそいという意味もある。

【きょうりきこ】 粘りが強い小麦粉の種類。×「きょうりょくこ」。反対は「薄力粉(はくりきこ)」。

第12章 「食」と「身体」の言葉は難読漢字の宝庫です

● 読みこなすのは少々厄介な、食べ物をめぐる言葉。読んでください。

□ 落雁　型押しして作る干菓子。〔らくがん〕

□ 李　中国原産の甘酸っぱい果実。「桃も李ももものうち」は有名な早口言葉。〔すもも〕

□ 陳皮　みかんの皮を乾燥させた香料。〔ちんぴ〕

□ 山葵　ピリリと辛い香辛料。〔わさび〕

□ 大蒜　強い匂いを放つ野菜。古名は「おおびる」。〔にんにく〕

□ 銘々皿　食べ物を一人分ずつに取り分けるための皿。〔めいめいざら〕

□ 糀　醸造に使うカビの一種。「麹」とも書く。〔こうじ〕

□ 辛子明太子　たらこを唐辛子に漬け、熟成させたもの。〔からしめんたいこ〕

□ 葛根湯　代表的な漢方薬。風邪などに効く。〔かっこんとう〕

□ 活魚料理　生きている魚をその場でさばき、調理する料理。〔かつぎょりょうり〕

□ 自然薯　山に自生するヤマノイモ科の細長いイモ。粘りと滋養がある。〔じねんじょ〕

□ 柳葉魚　北海道に生息する細長い海水魚。「子持ち柳葉魚」など。〔ししゃも〕

□ 地鶏　日本産の鶏の総称。〔じどり〕

□ 生姜　香辛料として用いる植物。〔しょうが〕

□ 茄子　夏に旬を迎える野菜。〔なす〕

225

3 食べ物をめぐる漢字③

●食べ物をめぐる言葉です。読んでください。

□ 水団　〔すいとん〕 小麦粉の団子を入れた汁のこと。団を「とん」と読むのは、遅れて入ってきた唐音。「布団」も同様。

□ 厨房　〔ちゅうぼう〕 調理場。台所。「厨」の訓読みは「くりや」（台所を指す古語）。

□ 土筆　〔つくし〕 早春に芽吹き、食用になる野草。スギナの胞子茎。形が筆に似ているところから、この字が当てられた。

□ 壬生菜　〔みぶな〕 京都市内の壬生地方で栽培されてきた野菜。香りがよく、辛みがあって漬物にする。

□ 若布　〔わかめ〕 味噌汁などに入れるワカメのこと。なお「若芽」と書くと、植物全般の若い芽のこと。

□ 据膳　〔すえぜん〕 人に食事の膳の準備をしてもらうこと。「据膳を食う」など。

第12章 「食」と「身体」の言葉は難読漢字の宝庫です

- □ 肉汁
  - (にくじゅう) 肉を焼いたり、煮出したときの汁。「にくじる」と読んでも間違いではない。

- □ 早場米
  - (はやばまい) 秋早くに出荷される新米。一方、稲の収穫期の遅い地方でとれる米は「遅場米」。

- □ 公魚
  - (わかさぎ) 全長15センチほどの食用になる淡水魚。氷上での穴釣りは真冬の風物詩。

- □ 秋刀魚
  - (さんま) 日本の代表的な大衆魚。秋を旬とし、刀のように細長い魚だから、この字が当てられた。

- □ 霜降り
  - (しもふり) 牛肉などの赤身に白い脂がまじっている状態。白い点々や筋の様子が、霜がおりたようであるところから。

- □ 鉄火丼
  - (てっかどん) マグロの刺身を寿司飯にのせて食べる丼物。その赤さが熱した鉄の色に似ているところから。

- □ 丑の日
  - (うしのひ) 十二支のうち、丑にあたる日。いまも、土用(=立秋前の一八日間)の丑の日には、鰻を食べる習慣が残っている。

- □ 蒲焼
  - (かばやき) 鰻などを串刺しにしてタレをつけて焼く料理。昔は鰻を開かず、輪切りにして串に刺していたので、その形が蒲(がま)の穂に似ていたところから。

4 お酒をめぐる漢字

●酒をめぐる言葉です。読んでください。

□ 鰭酒
〔ひれざけ〕 フグやエイのひれを焼いて入れ、熱燗で飲む酒。独特の香ばしい味と香りを楽しめる。

□ 蟒蛇
〔うわばみ〕 大蛇。そこから、大酒飲みという意味に。「蟒蛇のように飲む」など。「蟒」一字でも「うわばみ」と読むほか、「おろち」とも読む。

□ 縄暖簾
〔なわのれん〕 縄のすだれ。居酒屋の代名詞として使われている。

□ 自棄酒
〔やけざけ〕 自棄を起こして、前後の見境なく飲む酒。「自棄酒をあおる」など。

□ 宴も酣
〔えんもたけなわ〕 宴の真っ最中。「宴も蘭」とも書く。

□ 御愛想
〔おあいそ〕 店の勘定のこと。「御愛想、お願いします」など。

□ 泡盛　〔あわもり〕沖縄名物の焼酎。米から造る。泡盛を三年以上寝かせたものは「古酒」(くうす)と呼ばれる。

□ 酒蔵　〔さかぐら〕酒をつくり、貯蔵する蔵。酒盛りや酒場同様、「さか」と読む。なお、「しゅぞう」と読むのは「酒造」のほう。

□ 酒池肉林　〔しゅちにくりん〕贅を極めた酒宴。中国の殷の王が、池に酒をたたえ、肉を林のように木々にぶらさげて、宴を催したことから。だから、「酒池肉林」という語は、本来はセックスに関する意味合いを含まない。

□ 貴腐ワイン　〔きふ〕貴腐ブドウから作られるワイン。「貴腐」とは、ブドウの果皮にカビを繁殖させ、水分を蒸発させた状態を指す。

□ 嗜む　〔たしなむ〕好んで親しむ。「酒は嗜む程度です」など。

□ 酒を呷る　〔あおる〕勢いよく、ぐいぐいと酒を飲むこと。

□ 酒粕　〔さけかす〕日本酒を醸造するさい、モロミをしぼったあとに残るカス。粕汁などに用いる。

□ 煎茶　〔せんちゃ〕新芽を製茶したもの。なお、焙じ茶は、煎茶や番茶を火であぶり、焦がし気味に焙じた茶。

□ 猪口　〔ちょこ〕さかづきのこと。

● 中国語っぽい読み方をする食べ物の名前です。読んでください。

□ 拉麺　一般的にこう書く。「拉」は引っ張るという意味。　　　　　　　　　　　　　　　　　　　　　　　　[らーめん]
□ 雲呑　スープに浮かぶギョーザのような包みを「雲」に見立て、こう書く。　　　　　　　　　　　　　　　　[わんたん]
□ 焼売　点心の一種。なお、崎陽軒の焼売（ようけん）は「シウマイ」と表記する。　　　　　　　　　　　　　[しゅうまい]
□ 湯麺　炒めた野菜や肉をのせた塩味の中華そば。　　　　　　　　　　　　　　　　　　　　　　　　　　　　[たんめん]
□ 叉焼　豚肉を砂糖、酒、醤油に浸し、焼いたり、蒸し焼きにする料理。　　　　　　　　　　　　　　　　　　[ちゃーしゅー]
□ 豆板醤　ソラマメなどを発酵させた唐辛子入りの辛い味噌。　　　　　　　　　　　　　　　　　　　　　　　[とうばんじゃん]
□ 飲茶　茶を飲みつつ、点心類を食べる軽い食事。　　　　　　　　　　　　　　　　　　　　　　　　　　　　[やむちゃ]
□ 辣油　胡麻油に赤唐辛子を入れた調味料。　　　　　　　　　　　　　　　　　　　　　　　　　　　　　　　[らーゆ]
□ 杏仁豆腐　点心の一つ。アンズの種子である杏仁をすりつぶし、寒天で固めたもの。　　　　　　　　　　　　[あんにんどうふ]

● 台所と料理をめぐる漢字です。読んでください。

□ 和物　味噌や酢で魚や野菜を和えた料理。「わもの」と読むと日本製品のこと。　　　　　　　　　　　　　　[あえもの]
□ 薬罐　湯を沸かす道具。「薬罐頭」は、ハゲ頭の意。　　　　　　　　　　　　　　　　　　　　　　　　　　[やかん]
□ 杓文字　ご飯や汁をすくう道具。　　　　　　　　　　　　　　　　　　　　　　　　　　　　　　　　　　　[しゃもじ]
□ お櫃　ご飯用の器。なお、「米櫃」は「こめびつ」と濁音で読む。　　　　　　　　　　　　　　　　　　　　[おひつ]

230

第12章 「食」と「身体」の言葉は難読漢字の宝庫です

- □ 御強　赤飯。餅米の蒸し飯。　[おこわ]
- □ 俎板　食材を切るときに使う板。この場合の「強」には固いという意味がある。　[まないた]

※「俎」一字でも「マナイタ」と読む。

- □ 什器　日常でつかう家具や道具。　[じゅうき]
- □ 搔卵　卵をほぐしていれた吸い物。　[かきたま]
- □ 出涸らし　日本茶を何度も煎じ、味が薄くなったもの。　[でがらし]
- □ 糠床　糠味噌漬け用の漬物床。　[ぬかどこ]
- □ 蒸籠　食品を蒸す調理道具。「せいろう」とも読む。　[せいろ]
- □ 粗目　「粗目糖」の略。一粒が大きい、ざらざらした砂糖。　[ざらめ]
- □ 薄荷　シソ科の多年草。清涼感のある香りが特徴。　[はっか]
- □ 蕨　山菜の一種。新芽を食べる。　[わらび]
- □ 分葱　ユリ科の野菜で、ネギの変種。ぬたや薬味にする。　[わけぎ]
- □ 辣韮　ユリ科の多年草。食べているのは地中にある鱗茎。　[らっきょう]
- □ 椰子　実はココナツ。油もとれる。　[やし]
- □ 八朔　柑橘類の一種。　[はっさく]
- □ 玉蜀黍　食用のほか飼料にもなる。　[とうもろこし]
- □ 甘薯　サツマイモの別名。　[かんしょ]
- □ 縮緬雑魚　カタクチイワシなどの稚魚を茹でて干したもの。　[ちりめんじゃこ]
- □ 雑煮　すまし汁や味噌汁に餅を入れたもの。正月に食べる。×「ざつに」。　[ぞうに]

231

5 「衣」と「住」についての知っておきたい漢字

●食の次は「衣」と「住」。読みこなしてください。

□ 飛白 〔かすり〕 かすったような文様がある織物や染物。「絣」とも書く。

□ 作務衣 〔さむえ〕 僧侶が農作業や掃除をするときに着る衣服。「作務」は修行のための労働という意。

□ 襦袢 〔じゅばん〕 和服用の下着。「じゅばん」という音は、ポルトガル語がなまったという説が有力。「襦」一字では「はだぎ」と読む。

□ 草鞋 〔わらじ〕 藁で作った履き物。「草鞋を履く」で「旅に出る」という意。「二足の草鞋をはく」は、二つの職業につくという意。

□ 草履 〔ぞうり〕 藁や竹の皮を編んで作った履き物。「草履掛けで出かける」など。

□ 三和土 〔たたき〕 日本家屋の土間のこと。土、石灰、石の三種を混ぜたもので、土間の床を叩き固めたところから。

第12章 「食」と「身体」の言葉は難読漢字の宝庫です

- □ 天窓
- □ 漆喰
- □ 障子
- □ 手摺
- □ 絨毯
- □ 茅葺
- □ 囲炉裏
- □ 更地
- □ 縁側
- □ 軒先

[てんまど] 光を採るために、屋根にあけた窓。「てんそう」ではない。

[しっくい] 消石灰に繊維などを加え、水で練ったもの。壁や天井をこれで塗りあげてつくる。「姫路城の漆喰塗りの白壁」など。

[しょうじ] 部屋の仕切りや明かりとりに用いる建具。「障子に目あり」など。

[てすり] 階段や廊下などの手すり。

[じゅうたん] 毛織物のカーペット。「ペルシャ絨毯」など。なお、「絨毯爆撃」は、とくに目標物を定めず、一面に爆弾を落とすこと。

[かやぶき] 茅で葺いたもの。「茅葺屋根」など。

[いろり] 床を四角く切り抜いてつくった炉。居間の真ん中を掘り抜いて、煮炊きや暖房として使った。「囲炉裏端」など。

[さらち] 手を加えていない状態の土地。「古家を撤去し、更地に戻す」など。

[えんがわ] 座敷の庭に面したところにある細長い板敷きの部分。

[のきさき] 屋根の下の端。「干し柿を軒先に吊るす」「軒先を借りて雨宿りする」など。

233

●引き続き「衣」「住」周辺の漢字です。読んでください。

□反物　大人一人分の着物をつくるのに必要な量の織物。〔たんもの〕
□股引　ズボンの下にはく下着。〔ももひき〕
□浴衣　木綿製の一重の着物。「浴衣がけ」など。〔ゆかた〕
□半纏　丈の短い和風の上衣。〔はんてん〕
□木綿　綿から作った糸や布。「きめん」と誤読しないように。〔もめん〕
□正絹　混じりけのない絹や絹織物。×「せいけん」。〔しょうけん〕
□晒布　晒して白くした綿布。「晒布を巻く」など。〔さらし〕
□法被　祭りで着る半纏のこと。〔はっぴ〕
□刺繍　糸で縫い表す装飾。〔ししゅう〕
□機織　織機で布や織物を織ること。〔はたおり〕
□外套　服の上にはおるコート。「套」にはつつむという意味がある。〔がいとう〕
□褞袍　綿を入れた冬の部屋着。「袍」一字では「わたいれ」と読む。〔どてら〕
□氷室　氷を貯蔵しておくところ。〔ひむろ〕
□納屋　農具などを納めておく小屋。〔なや〕
□苫屋　苫で屋根をふいた粗末な家。「苫」は茅(かや)などで編んだもののこと。〔とまや〕
□門扉　建物の門の扉。×「もんとびら」。〔もんぴ〕

234

6 「道具」についての知っておきたい漢字

●道具の名前は、特殊な読み方をする熟字訓の宝庫。読みこなせますか?

□ 団扇

〔うちわ〕 風をおくる道具。「左団扇で暮らす」といえば、暮らし向きに余裕があるさま。この「団」には丸いという意味がある。

□ 煙管

〔きせる〕 タバコを吸う道具。「キセル乗車」は、煙管が両端だけ "金"(かね)でできていることから、途中の運賃を支払わないことを指す。

□ 塵箱

〔ごみばこ〕 ゴミくずを入れる箱。「ちりばこ」と読むのも可。

□ 紙縒

〔こより〕 紙に縒りをかけ、紐のようにしたもの。「かみより」→「こより」と変化したとみられる。

□ 箪笥

〔たんす〕 衣類などを入れる収納家具。「茶箪笥」「船箪笥」など。「箪笥預金」は銀行に預けず、箪笥の中に現金をしまっておくこと。

- □ 屏風
- □ 梯子
- □ 短冊
- □ 徽章
- □ 湯湯婆
- □ 背嚢
- □ 蝋燭
- □ 天秤

〔びょうぶ〕 室内に立て、仕切りに用いる調度。「屏う」で「おおう」と読む。

〔はしご〕 高いところに登る道具。「梯子をはずされる」は味方に裏切られること。「梯子酒」は何軒も飲み屋を回って飲むこと。

〔たんざく〕 俳句や短歌を書くための細長い厚紙。「冊」には「ふみ」という訓読みがある。

〔きしょう〕 帽子や衣服につける印。「記章」とも書く。「徽」には「しるし」という訓読みがある。

〔ゆたんぽ〕 中に湯を入れ、足などを暖める道具。もとは中国語の「湯婆(たんぽ)」で、日本に入ってきてから、もうひとつ「湯」がついた。

〔はいのう〕 背中に背負う物入れ。リュックサック。「嚢」の訓読みは「ふくろ」。

〔ろうそく〕 明かりを灯すローソク。「燭」には「ともしび」という訓読みがある。

〔てんびん〕 横棒の両端に皿をつるして、重さをはかる道具。「天秤にかける」は、ものの重さをはかるように、有利不利を判断するさま。「秤」の訓読みは「はかり」。

第12章 「食」と「身体」の言葉は難読漢字の宝庫です

●引き続き、さまざまな道具を表す漢字です。読んでください。

- □ 刷毛　ブラシのこと。〔はけ〕
- □ 抽斗　机やタンスの引き出し。「抽く」で「ひく」と読む。〔ひきだし〕
- □ 薬玉　運動会や式典、開店祝いなどで使う飾り物。〔くすだま〕
- □ 懐炉　衣服の内側に入れ、身体を温める道具。懐に入れる炉。〔かいろ〕
- □ 蒲団　綿入りの寝具。「布団」とも書く。〔ふとん〕
- □ 脚立　踏み台の一種。〔きゃたつ〕
- □ 塵紙　鼻をかむときなどに使う粗末な紙。〔ちりがみ〕
- □ 独楽　回るおもちゃ。〔こま〕
- □ 双六　サイコロを振ってコマを進める遊び。〔すごろく〕
- □ 算盤　珠を動かして計算する道具。「算盤ずく」。〔そろばん〕
- □ 剃刀　ひげを剃る刃物。頭が切れることの形容にも。〔かみそり〕
- □ 砥石　刃物などを研ぐ石。〔といし〕
- □ 曲尺　大工が使う直角に折れ曲がった形の物差し。〔かねじゃく〕
- □ 炬燵　暖房具の一種。〔こたつ〕
- □ 炭団　木炭や石炭の粉末を丸めて固めた燃料。〔たどん〕

237

- □ 魚籠　釣った魚を入れておく容器。「尾籠」「魚籃」とも書く。〔びく〕
- □ 甲冑　甲は「かぶと」、冑は「よろい」のこと。〔かっちゅう〕
- □ 蚊帳　寝床を蚊から守る網。〔かや〕
- □ 手拭い　手や顔をぬぐう布。「手拭き」は「てふき」と読む。〔てぬぐい〕
- □ 奉書紙　上質の純白の和紙。×「ほうしょし」。〔ほうしょがみ〕
- □ 硯箱　書道で使うすずりや筆を入れておく箱。〔すずりばこ〕
- □ 裁ち鋏　布地裁断用の大きめの鋏。〔たちばさみ〕
- □ 衝立　部屋を区切る立て板。〔ついたて〕
- □ 鍔　刀のつば。手を保護する役割がある。「鐔」とも書く。〔つば〕
- □ 茶巾　茶席で使う茶碗をぬぐうための布。〔ちゃきん〕
- □ 菅笠　植物のスゲで編んだ笠。〔すげがさ〕
- □ 脇息　座ったときに肘をかける肘掛け。〔きょうそく〕
- □ 手斧　大工道具。「ておの」と読めば小さな斧。〔ちょうな〕
- □ 鍬　田畑を耕すときにつかう道具。〔くわ〕
- □ 床几　折り畳み式の腰掛け。〔しょうぎ〕
- □ 巾着　口を紐でくくるタイプの布や革でつくった袋。「帯」も同じように読む。〔きんちゃく〕
- □ 箒　ゴミを掃きとる道具。〔ほうき〕

7 頭からつま先まで…身体をめぐる漢字

● 「顔」や「身体」をめぐる言葉です。読んでください。

□ 眦　〔まなじり〕　目じり。「眦を決する」は目を見開くことで、決意を固めて事にのぞむという意味。

□ 瞼　〔まぶた〕　眼球を覆い、目を閉じたり開いたりする皮膚。「瞼の母」は、記憶に残る母の面影。

□ 血眼　〔ちまなこ〕　逆上のあまり、目を血走らせること。「血眼になる」は、他のことは忘れて、一つのことに専心すること。

□ 口吻　〔こうふん〕　口もとや口先。言いぶりや口ぶり。前述のとおり、「口吻を漏らす」はよく知られた慣用表現。

□ 睫毛　〔まつげ〕　瞼のふちから生えている毛。「睫毛を読まれる」は、だまされること、あるいはみくびられること。

- □ 体躯
- □ 靭帯
- □ 椎間板
- □ 肋骨
- □ 筋骨隆々
- □ 腋下
- □ 淋巴腺
- □ 口蓋
- □ 反身
- □ 総毛立つ
- □ 蟹股
- □ 痛痒

〔たいく〕 体格。からだ。「堂々とした体躯」など、立派な体格に対して使う。

〔じんたい〕 骨をつなげている組織繊維。「靭」は丈夫でしなやかなこと。

〔ついかんばん〕 脊椎で骨と骨をつなぐ軟骨。骨が受ける衝撃を和らげる働きをする。「椎」には背骨という意味がある。

〔ろっこつ〕 あばら骨のこと。「じょこつ」と読まないように。

〔きんこつ〕 筋肉と骨。体つき。「筋骨隆々」は、筋骨が盛り上がっている様子。

〔えきか〕 わきの下。「エキ」は「腋」の音読み。「わき」と読むのは訓読み。

〔りんぱせん〕 リンパ管の各所にあり、病原菌などから体を守る免疫機能を受け持つ器官。

〔こうがい〕 口の中の上側の壁。「口蓋垂（こうがいすい）」は、「のどちんこ」のこと。

〔そりみ〕 からだを後方に反らせること。「反身になる」など。

〔そうけだつ〕 寒さや恐怖で身の毛がよだつこと。

〔がにまた〕 両膝が外側に向かい、O字状になっている状態。

〔つうよう〕 痛いことと痒（かゆ）いこと。「痛痒を感じない」は痛くもかゆくもないという意味。

第12章 「食」と「身体」の言葉は難読漢字の宝庫です

● 人の「笑い方」は様々です。読んでください。

□哄笑　大口をあけての大笑い。　[こうしょう]
□嬌笑　なまめかしい笑い。女性の笑い方専用の言葉。　[きょうしょう]
□苦笑　にが笑い。　[くしょう]
□嘲笑　嘲るような笑い。「嘲笑う」で「あざわらう」と読む。　[ちょうしょう]
□冷笑　馬鹿にした冷ややかな笑い。　[れいしょう]
□忍び笑い　こっそりと笑う。　[しのびわらい]
□失笑　おかしさに耐えきれず、吹き出して笑う。　[しっしょう]
□呵々大笑　からからと笑うこと。　[かかたいしょう]
□破顔一笑　顔をほころばせて、笑うこと。　[はがんいっしょう]
□爆笑　どっと笑うこと。本来は、大勢で笑うときに使う。　[ばくしょう]
□憫笑　哀れんで笑うこと。　[びんしょう]

● 引き続き、「顔」をめぐる言葉です。読んでください。

□土気色の顔　土のような色になった顔。やつれた顔を表すときの代名詞。　[つちけいろ]
□鬼の形相　激しい感情や真剣さが表れた恐い顔つき。　[ぎょうそう]

241

- 強面　恐い顔つき。　　　　　　　　　　　　　　　　〔こわもて〕
- 親不知　最も奥に生えてくる奥歯。　　　　　　　　　〔おやしらず〕
- 肌理　肌の手ざわり。「繊維の肌理が荒い」など、物に対してもつかう。　〔きめ〕
- 旋毛　頭頂部にある、毛が渦のように巻いている部分。　〔つむじ〕
- 咀嚼　食べ物を噛むこと。物事の意味を味わうこと。「含意を咀嚼する」など。　〔そしゃく〕
- 歯軋り　眠っている間に歯をこすりあわせ、ギリギリ音をさせること。　〔はぎしり〕
- 素肌　衣類を身につけていない肌。化粧をしていない肌。　〔すはだ〕
- 鉤鼻　鋭く曲がった鼻柱が「かぎ」のように見える鼻。　〔かぎばな〕
- 二重瞼　瞼の皮が二重になっている状態。　〔ふたえまぶた〕
- 反っ歯　前歯が斜め前方に反りだしている状態。　〔そっぱ〕
- 後れ毛　ほつれて下がった女性の髪。　〔おくれげ〕
- 産毛　生まれたときから、生えている柔らかく薄い毛。細く薄い毛の総称。　〔うぶげ〕
- 面皰　顔の毛穴に汚れがつまってできる出来物。　〔にきび〕
- 三白眼　黒目のまわりの三方向に白目があり、黒目が上方に寄っている目。　〔さんぱくがん〕
- 寝ぼけ眼　寝ぼけてぼんやりした目つき。　〔ねぼけまなこ〕
- 白髪　白くなった髪。　〔しらが・はくはつ〕
- 雀斑　顔に現れる茶褐色の斑点。　〔そばかす〕

第 12 章 「食」と「身体」の言葉は難読漢字の宝庫です

● 引き続き、よく耳にする「体」に関係する言葉です。読んでください。

□ 猪首　イノシシのように太くて短い首。〔いくび〕
□ 痩躯　やせた体つき。〔そうく〕
□ 鎖骨　肩に向かって伸びている細長い骨。〔さこつ〕
□ 脛骨　膝から足首までの骨のうち、内側の太いほうの骨。〔けいこつ〕
□ 鳩尾　胸の真ん中のくぼんだところ。急所の一つ。〔みぞおち〕
□ 臀部　尻のこと。〔でんぶ〕
□ 膵臓　胃のそばにある消化器（腺）。〔すいぞう〕
□ 毛脛　毛深いすね。脛は、膝から踝までの間を指す。〔けずね〕
□ 大腿筋　太股にある筋肉の総称。〔だいたいきん〕
□ 臍帯　へその緒。〔さいたい〕
□ 静脈　血液を毛細血管から心臓へと運ぶ血管。〔じょうみゃく〕
□ 胆嚢　肝臓の下にある袋状の器官。胆汁を排出する。〔たんのう〕
□ 上背　身長のこと。「上背がある」（背が高いこと）など。〔うわぜい〕
□ 嗄れ声　かすれたしわがれた声のこと。〔しゃがれごえ〕
□ 胡坐　足を組んですわること。「胡坐をかく」など。〔あぐら〕

243

第13章 日本の伝統と歴史にまつわる漢字です

伝統芸能や茶道にまつわる言葉は、いわば昔の"業界用語"。現代でも、仲間内では独自の隠語や短縮語を使うものですが、昔の"業界"でも同様のことが起きたのでしょう。現代の目からみると、変わった読み方をしたり、意外な漢字を当てる言葉が増えることになりました。

それらの言葉も、長い年月を経るなか、日本語の中に定着。慣用句に使われるケースも多くなって、日本語のなかで重要な地位を占めることになりました。

この項には、時代劇や宮中関係を含め、歴史を感じさせる言葉を集めました。読みこなしてください。

1 伝統芸能にかかわる漢字が読めますか?

●伝統芸能周辺の漢字です。読んでください。

□ 黒衣

〔くろご〕　歌舞伎役者の後ろに控え、演技の手助けをする黒い衣服を身につけた人。なお「黒子」は「ほくろ」と読む。

244

第13章　日本の伝統と歴史にまつわる漢字です

□ **科白**
〔せりふ〕役者が芝居でいう言葉。「科」はしぐさ、「白」は言うという意味。「台詞」は日本製の当て字。「科白に詰まる」「どこで覚えた科白だ」など。

□ **謡曲**
〔ようきょく〕能や狂言などで節をつけて歌う詞。なお、結婚式で謡われる「高砂」は世阿弥の作。「謡」一字で「うたい」と読む。

□ **幇間**
〔ほうかん〕いわゆる男芸者。酒席を盛り上げるため、芸を披露したり、あれこれ気をくばる役回り。「たいこもち」とも読む。

□ **大向こう**
〔おおむこう〕劇場の奥の立見席。「大向うを唸らせる」は、目の肥えた見物客をうならせるほどの芸を見せるという意。

□ **香盒**
〔こうごう〕香料を入れる器。「盒」はふたものという意味。「香合」とも書く。

□ **櫓太鼓**
〔やぐらだいこ〕歌舞伎や相撲で、開演の知らせなどとして、櫓で打つ太鼓のこと。「両国界隈に櫓太鼓の音が響く」など。

□ **表千家**
〔おもてせんけ〕茶道の流派の一つ。「千家」は茶道の大成者、千利休の血筋を引く家柄。他に「裏千家」「武者小路千家」がある。

□ **立礼**
〔りゅうれい〕茶の湯でイスと卓を使って茶をたてる方法。明治初期以降の様式。あるいは、立ったまますする礼。

245

● 引き続き、伝統芸能周辺の言葉です。読んでください。

□ **幕間** 芝居や歌舞伎で一幕終わったあとの休憩時間。×「まくま」。［まくあい］

□ **女形** 女性を演ずる男性の役者。「おやま」とも読む。［おんながた］

□ **梨園** 歌舞伎界のこと。「梨園の御曹司」など。［りえん］

□ **演目** 寄席や芝居の題名。［えんもく］

□ **一幕物** 一幕で話が終わる芝居。×「いちまくもの」。［ひとまくもの］

□ **寄席** 落語・講談などを催す場所。［よせ］

□ **噺家** 落語家のこと。［はなしか］

□ **出囃子** 落語家が高座に上がるときに流される三味線や太鼓による音楽。［でばやし］

□ **真打** 落語家のランクのうち、最上位。［しんうち］

□ **家元** その芸道を伝える本家。［いえもと］

□ **宗家** 家元と同じ意味で芸道を伝える本家。［そうけ］

□ **世襲** 職業や地位を、子供が代々受け継ぐこと。［せしゅう］

□ **嫡流** 本家の正統の家すじ。［ちゃくりゅう］

□ **薪能** 薪の火を照明がわりにして、夜におこなう能。［たきぎのう］

□ **仕手** 能や狂言における主役。そこから「仕手株」などの言葉が生まれた。［して］

246

第13章　日本の伝統と歴史にまつわる漢字です

□ 金春流　能楽の仕手をつとめる流派の一つ。　［こんぱるりゅう］
□ 棗　茶入れの一種。形が植物のナツメの実に似ていることから。　［なつめ］
□ 室礼　茶室などの部屋の飾りつけ。「設い」に当て字をしたことから。　［しつらい］
□ 花入　花瓶や花立てなど、花を生けるための器。　［はないれ］
□ 蒔絵　漆工芸のひとつ。漆をぬった上に色粉をまき、器に絵柄をつける。　［まきえ］
□ 桝席　劇場や相撲場で、四角い枡形に仕切ってある観客席。　［ますせき］
□ 篳篥　雅楽の主旋律をかなでる管楽器。　［ひちりき］
□ 詩吟　漢詩や短歌などに独特の節をつけてうたうこと。　［しぎん］
□ 戯曲　演劇でつかう台本。　［ぎきょく］
□ 舞踊　舞いや踊り。「舞踏（ぶとう）」と混同しないように。　［ぶよう］
□ 花柳界　芸者や遊女のいる世界。「花」も「柳」も美しさのたとえ。　［かりゅうかい］
□ 花魁　江戸時代の位の高い遊女。「花魁道中」など。　［おいらん］
□ 芸妓　宴席で、歌や踊りを披露して客を楽しませる芸者のこと。　［げいぎ］
□ 御点前　茶の湯の主人方の作法。「けっこうな御点前でした」など。　［おてまえ］
□ 道行物　歌舞伎で、男女の道行（駆け落ち）をテーマにした話。　［みちゆきもの］
□ 大舞台　大きくて立派な舞台。「初めて大舞台に上がる」など。　［おおぶたい］
□ 稽古　教わったことを練習すること。もとは学問するという意。　［けいこ］

247

❷ 日本の長い歴史のなかで育まれてきた漢字

● 時代小説でよく見かける古風な言葉です。読んでください。

□ 天誅
〔てんちゅう〕 天罰の意。人に斬りかかるとき叫ぶ「天誅でござる！」の「天誅」。

□ 定宿
〔じょうやど〕 いつもきまって泊まる宿。「定宿にする」など。

□ 旅籠
〔はたご〕 旅人が泊まる宿。なお、参勤交代時など、大名クラスが泊まったのは「本陣」。その次のクラスは「脇本陣」。

□ 月代
〔さかやき〕 武士などが額から頭にかけて、髪の毛を半月形に剃ったところ。もとは兜をかぶっても蒸れないようにするため。「月代を剃る」など。

□ 介錯
〔かいしゃく〕 切腹する人の首を斬り落とすこと。「介錯を頼む」など。

□ 助太刀
〔すけだち〕 加勢して助けること。「助太刀つかまつる」など。

248

第13章　日本の伝統と歴史にまつわる漢字です

□草莽
□匕首
□曲者
□松明
□刺青
□不逞の輩
□梟雄
□提灯
□下手人
□隠れ蓑

〔そうもう〕　在野であること。草の茂ったところ。「草莽の志士」が定番表現。

〔あいくち〕　鍔がない短刀。柄と鞘がぴったり合うので「合口」とも書く。「匕首を突きつける」など。

〔くせもの〕　用心するべき怪しい者。「曲者じゃ、であえ」など。

〔たいまつ〕　松などを束ね、火をつけたもの。「松明を掲げる」など。

〔いれずみ〕　肌を針で彫り、色をつけた絵柄。「唐獅子牡丹の刺青」など。

〔ふていのやから〕　けしからん者。「不逞の輩を一網打尽にする」など。「不逞」は、自分勝手に振る舞い、ずうずうしいさま。

〔きょうゆう〕　悪逆で無慈悲な武将。「梟」はフクロウのこと。

〔ちょうちん〕　ろうそくを囲う、おもに携帯用の照明具。「提灯持ち」は、べっかを使い、へつらう者。「提灯に釣り鐘」は釣り合いのとれないこと。

〔げしゅにん〕　犯罪を犯した者。「下手人を礫（はりつけ）獄門に処す」など。なお「下手物」は「げてもの」、「下手」は「へた」「しもて」と読む。

〔かくれみの〕　身を隠すことができるもののたとえ。「○○を隠れ蓑にする」が定番の使い方。

●これらは、時代小説を読むための基礎用語。読んでください。

□ 身代　財産のこと。「身代を潰す」「身代を息子に譲る」のようにつかう。〔しんだい〕
□ 惣領　家を継ぐ子。「惣領の甚六」は、長男がおっとりしていること。〔そうりょう〕
□ 夷狄　外国を敵視する言葉。「夷」「狄」とも「えびす」とも読む。〔いてき〕
□ 乾門　北西の方角にある門。「乾」（戌亥）は北西を表す。〔いぬいもん〕
□ 印籠　薬入れ。もとは印肉の器だったので、こう書く。〔いんろう〕
□ 乱波　忍者のこと。「透っ波（すっぱ）」も同じ意味。〔らっぱ〕
□ 鉄漿　「お歯黒」とも書く。江戸時代まで、既婚の女性は歯を黒く染めた。〔おはぐろ〕
□ 十手　江戸時代の捕物劇での主役道具。〔じって〕
□ 扶持　江戸時代の武士の給与形態のひとつ。〔ふち〕
□ 脚絆　足を守り、動きやすくするための布。長旅の必需品。〔きゃはん〕
□ 落首　政治や世相を批判・風刺した匿名の歌。〔らくしゅ〕
□ 馬銜　馬の口にくわえさせる轡(くつわ)の部分。〔はみ〕
□ 幟　竿に細長い布を通した旗。合戦では敵味方の識別の材料となる。〔のぼり〕
□ 腑分け　解剖のこと。江戸時代、杉田玄白らの活動を語るときに必須の言葉。〔ふわけ〕
□ 緞子　光沢のある厚い絹織物。〔どんす〕

第13章 日本の伝統と歴史にまつわる漢字です

- □ 比丘　出家して、正式に僧となった男子。女性は「比丘尼」。　〔びく〕
- □ 刺客　暗殺のためにおくりこまれる人。　〔しかく〕
- □ 肩衣　袖無しの上衣。　〔かたぎぬ〕
- □ 帷子　裏をつけない、ひとえの衣服。　〔かたびら〕
- □ 徒武者　徒歩の兵士。　〔かちむしゃ〕
- □ 鏑矢　射たときに風音を立てる矢。開戦時などに放った。　〔かぶらや〕
- □ 金子　金、貨幣のこと。　〔きんす〕

● 帝や王様にまつわる漢字です。失礼のないように読んでください。

- □ 詔勅　天皇の発する公式文書。　〔しょうちょく〕
- □ 践祚　皇位を受け継ぐこと。　〔せんそ〕
- □ 重祚　一度退位した天皇がふたたび皇位につくこと。　〔ちょうそ〕
- □ 勅諚　天皇の命令。「勅諚に従う」など。　〔ちょくじょう〕
- □ 廟堂　天下の政治を行うところ。貴人の霊をまつるところ。　〔びょうどう〕
- □ 御息所　天皇の寝所に侍する宮女。　〔みやすどころ〕
- □ 禅譲　権力の座を話し合いによって譲ること。　〔ぜんじょう〕
- □ 奠都　都を定めること。「奠める」で「さだめる」と読む。　〔てんと〕

- □ 戴冠　王が初めて王冠を頭上に戴くこと。〔たいかん〕
- □ 薨ずる　身分の高い人が死去すること。〔こうずる〕
- □ 上疏　事情を記して、天子に差し出すこと。〔じょうそ〕
- □ 輔弼　天皇の行う政治を助けること。「弼ける」で「たすける」と読む。〔ほひつ〕
- □ 来駕　貴人が訪れることを敬っていう語。「本日は、ご来駕いただき」。〔らいが〕

● 仏教とお寺に関係する言葉です。読んでください。

- □ 衣鉢を継ぐ　師匠の教えを受け継ぐこと。〔いはつ〕
- □ 輪廻転生　生き物が生まれ変わりをくりかえすこと。〔りんねてんしょう〕
- □ 声明　僧侶が唱える声楽の総称。「せいめい」は政治家などのコメント。〔しょうみょう〕
- □ 本地垂迹説　仏が神に姿を変えて現れたとする神仏同体説。〔ほんじすいじゃくせつ〕
- □ 解脱　煩悩から解放されて、悟りを開くこと。〔げだつ〕
- □ 因縁　因（起源）と縁（作用）によって結果が出るということ。〔いんねん〕
- □ 還俗　僧籍を離れ、俗人にもどること。〔げんぞく〕
- □ 忌中　身内から死者が出て、忌に服す期間。通常、四十九日間。〔きちゅう〕
- □ 衆生　人間を含め、すべての生きているもののこと。〔しゅじょう〕
- □ 弥勒　未来に出現し、衆生を救うとされる菩薩。〔みろく〕

第13章 日本の伝統と歴史にまつわる漢字です

- □ 観音　観世音菩薩のこと。〔かんのん〕
- □ 求道　仏の道を求めること。転じて人の道や真理を求めること。〔ぐどう〕
- □ 行脚　僧侶が諸国を巡ること。「選挙区を行脚する」など比喩的にも使う。〔あんぎゃ〕
- □ 煩悩　人を悩ませる欲望。一〇八あるとされる。〔ぼんのう〕
- □ 殺生　生きているものを殺すこと。〔せっしょう〕
- □ 妄執　執着する心。〔もうしゅう〕
- □ 名刹　有名な寺。「刹」は寺院のことで、「古刹」は古い寺。〔めいさつ〕
- □ 門跡　皇族や貴族が出家して暮らした寺院。〔もんぜき〕
- □ 塔頭　大きな寺の境内の中にある小さな寺。〔たっちゅう〕
- □ 布施　僧侶に渡す金や品物のこと。〔ふせ〕
- □ 在家　仏門に入らない俗人。「出家」の反対語。〔ざいけ〕
- □ 厄除け　厄をはらいよけること。〔やくよけ〕
- □ 護摩　護摩木をたき、無病息災などを祈る密教の行事。〔ごま〕
- □ 供養　死者の霊に供物をささげ、冥福を祈ること。〔くよう〕
- □ 回向　仏事をおこなって死者の成仏を祈ること。〔えこう〕
- □ 阿闍梨　得がある高僧。天台宗・真言宗の僧の位。〔あじゃり〕
- □ 虚無僧　編み笠をかぶり、尺八を吹きながら、諸国を旅した僧。〔こむそう〕

253

- □ **精霊流し** 供物などを川に流して精霊をおくる行事。〔しょうりょうながし〕
- □ **和尚** 寺の住職。あるいは、僧侶を総称する言い方。〔おしょう〕
- □ **袈裟** 僧侶の衣装。「袈裟懸け」は、刀で肩口から斬り下げること。〔けさ〕
- □ **勤行** 仏道修行につとめること。読経や礼拝をすること。〔ごんぎょう〕
- □ **功徳** 先々によい結果がもたらされる、よい行い。「功徳を施す」など。〔くどく〕
- □ **今生** この世。「今生の別れ」といえば、死に別れるという意味。〔こんじょう〕
- □ **成仏** 煩悩から解脱して、悟りを開くこと。そこから、死んで仏になること。〔じょうぶつ〕
- □ **亡者** 死者。成仏できずにいる人のこと。〔もうじゃ〕
- □ **韋駄天** 仏法の守護神のひとつ。比喩的に「足が早い人」を意味する。〔いだてん〕
- □ **鬼灯市** 浅草の浅草寺で催されるホウズキを売る市。〔ほおずきいち〕

● 日本の神様と神社をめぐる言葉です。読んでください。

- □ **神主** その神社における神職の長。〔かんぬし〕
- □ **手水** 神社に入る前に、手を洗い、口をすすいで清める水。〔ちょうず〕
- □ **注連縄** 神社などで、不浄なものとの境界に張る縄。「七五三縄」とも。〔しめなわ〕
- □ **禊** 重要な神事を行う前に、身を洗い清めて「穢れ」をとりのぞくこと。〔みそぎ〕

第13章　日本の伝統と歴史にまつわる漢字です

- □ **恵方**　めでたいと定められた方角のこと。［えほう］
- □ **草薙剣**　皇位継承のしるしである三種の神器のひとつ。［くさなぎのつるぎ］
- □ **八咫鏡**　これも三種の神器のひとつ。［やたのかがみ］
- □ **玉串奉奠**　玉串（榊）の枝に紙をつけて、神前にささげること。［たまぐしほうてん］
- □ **疫病神**　悪い病気を流行らせる神。比喩的に忌み嫌われる人をさす。［やくびょうがみ］
- □ **天照大神**　皇室の祖神。伊勢神宮に祀られている。［あまてらすおおみかみ］
- □ **巫女**　神につかえる女性。いわゆる「巫女さん」。［みこ］
- □ **祝詞**　神職が儀式で読み上げる祝福の言葉。［のりと］
- □ **柏手**　神社に参拝するさい、手のひらを打ち合わせること。［かしわで］
- □ **御神酒**　神に供える酒。［おみき］
- □ **破魔矢**　邪気を払うとされる弓の矢。初詣の縁起物。［はまや］
- □ **八百万**　数がひじょうに多いこと。「八百万の神々」など。［やおよろず］
- □ **狛犬**　獅子をかたどった獣の像。境内の拝殿近くなどに置かれる。［こまいぬ］
- □ **賽銭**　神社にお参りしたときに奉納するお金。［さいせん］
- □ **祠**　神を祭った小さな社（やしろ）。［ほこら］
- □ **黄泉**　前述のとおり死者が住む世界。「黄泉の国」など。［よみ］
- □ **怨霊**　怨みをいだいて人に祟る霊。［おんりょう］

- 以下は、仏教・神道、どちらでも使う言葉です。読んでください。

□ **言霊** 言葉に宿ると信じられている霊力。〔ことだま〕
□ **形代** 人の災いを移して、川などに流す紙の人形(ひとがた)。〔かたしろ〕
□ **陰陽師** 陰陽道にもとづく儀式や占いを行う人。〔おんみょうじ〕
□ **日本武尊** 日本の神話の英雄。数々の武勇伝がつたえられる。〔やまとたけるのみこと〕
□ **地鎮祭** 建築工事の前に、土地の神を祀り、工事の無事を祈る祭事。〔じちんさい〕
□ **産土神** 土地の守り神。おおむね鎮守様のこと。〔うぶすながみ〕
□ **宵祭り** 本祭の前夜におこなわれる祭り。〔よいまつり〕

□ **参詣** 神社や寺院に参ること。〔さんけい〕
□ **境内** 神社や寺院の敷地。〔けいだい〕
□ **供物** 神仏にそなえささげる物。〔くもつ〕
□ **帰依** 神や仏などを深く信じ、従うこと。〔きえ〕
□ **御利益** 神や仏が人間や動物にあたえる利益のこと。〔ごりやく〕
□ **化身** 神仏が人の姿でこの世にあらわれること。〔けしん〕
□ **権化** 神仏が権に姿をかえてあらわれること。「悪の権化」など。〔ごんげ〕
□ **灯明** 神や仏に供える明かりのこと。「お灯明をあげる」など。〔とうみょう〕

第13章　日本の伝統と歴史にまつわる漢字です

●暦と年中行事を関係する言葉です。読んでください。

□ 朔日　毎月の始まりの一日のこと。サクジツとも読む。　〔ついたち〕
□ 晦日　月の最後の日。　〔みそか〕
□ 大晦　一年の最後の日。「おおみそか」は「大晦日」と書く。　〔おおつごもり〕
□ 人日　七草粥を食べる正月七日の節句。　〔じんじつ〕
□ 初午　二月の最初の午の日。稲荷神社で祭りがおこなわれる。　〔はつうま〕
□ 上巳　陰暦の三月初めの巳の日の祝い。今の桃の節句、雛祭り。　〔じょうし〕
□ 物日　祝い事や祭りがおこなわれる日。　〔ものび〕
□ 新嘗祭　初物の穀物を神に捧げて祭る行事。　〔にいなめさい〕
□ 重陽　陰暦の九月九日、菊の節句。　〔ちょうよう〕
□ 初詣　新年に社寺に参ること。神仏へ崇敬を表すため「詣でる」という謙譲語を使う。　〔はつもうで〕
□ 門松　年の初めを祝い、家の出入り口に飾る松。歳神を招くための目印。　〔かどまつ〕
□ 屠蘇　正月に長寿を願って飲む酒。本来は屠蘇散という薬を酒にひたして飲む。　〔とそ〕
□ 餅搗き　餅をつくこと。「搗く」は杵などでおしつぶし打つという意。　〔もちつき〕

257

③ 葬儀・結婚式といえば、この漢字

● 葬儀・結婚式にまつわる言葉です。読んでください。

□ **数珠**　〔じゅず〕仏を拝むときに手にかける「じゅず」。もとは、念仏をあげた回数を数える道具。

□ **荼毘に付す**　〔だび〕火葬にする。仏典で使うパーリ語の「焼身」という意味の言葉に漢字を当てたものとみられる。「荼毘」の「荼」の字に注意→「茶」ではない。

□ **香奠**　〔こうでん〕死者にたむける香の代わりのお金。近年は「香典」と書くのが一般的。

□ **忌明け**　〔きあけ〕喪に服する期間が明けること。おおむね、四十九日以降。「いみあけ」とも読む。

□ **来賓**　〔らいひん〕結婚式などに招待されて来たお客のこと。

第13章 日本の伝統と歴史にまつわる漢字です

□ 経帷子 〔きょうかたびら〕 死者に着せる着物。白生地にお経が記してあり、これを着ると極楽へ行けるとされる。

□ 卒塔婆 〔そとば〕 墓の後ろに立てる細長い木の板。先が塔のようにとがり、戒名や経文が記してある。

□ 弔問 〔ちょうもん〕 遺族を訪ねて慰めること。また「弔慰」は、死者を弔い、遺族を慰めること。

□ 追善 〔ついぜん〕 初七日や四十九日におこなう法要。故人の魂があの世で幸せになれるよう供養する。「追善法要」など。

□ 角隠し 〔つのかくし〕 花嫁のかぶりもの。もとは「すみ（＝ひたいの生えぎわ）かくし」と読んだ。

□ 祝言 〔しゅうげん〕 祝いの言葉。「祝言をあげる」というと、結婚式をするという意味。

□ 媒酌 〔ばいしゃく〕 結婚式でなかだちすること。仲人。

□ 酒肴料 〔しゅこうりょう〕 結婚式などに招待された時にお返しに包むお金。

●葬儀と結婚式をめぐる言葉です。読んでください。

- □ お斎　法要の参加者にふるまわれる食事。〔おとき〕
- □ 忌日　命日。その人が死んだときと同じ日付の日。〔きにち〕
- □ 七回忌　七年目の命日。「ななかいき」と読まないように。〔しちかいき〕
- □ 合祀　異なる霊や神を合わせて祀ること。〔ごうし〕
- □ 法会　故人を追善供養する儀式。仏の教えを説く会という意味もある。〔ほうえ〕
- □ 新盆　故人が亡くなってから初めて迎える盆。〔にいぼん〕
- □ 逝去　人が亡くなることの尊敬語。〔せいきょ〕
- □ 訃報　死亡の知らせ。「卜」という旁につられ「とほう」と読まないように。〔ふほう〕
- □ 悼辞　故人の死を悼んで述べる言葉。「悼む」で「いたむ」と読む。〔とうじ〕
- □ 亡骸　遺体のこと。「骸」の訓読みは「むくろ」。〔なきがら〕
- □ 喪主　葬式で遺族を代表する人。〔もしゅ〕
- □ 白無垢　上から下まで白い花嫁衣裳。〔しろむく〕
- □ 仲人　花嫁と花婿のなかだちをする人。〔なこうど〕
- □ 人前結婚式　宗教的要素を排した結婚式。〔じんぜんけっこんしき〕
- □ 薨去　皇族や三位以上の人が亡くなること。〔こうきょ〕

260

column6 文脈で読み分けられますか？

column 6 文脈で読み分けられますか？

● まったく同じ熟語なのに、文脈に応じて読み方が変わる言葉です。読み分けられますか？

気骨
「きこつ」……信念に忠実で簡単に妥協しない。「気骨がある政治家」など。
「きぼね」……気苦労。気遣い。「気骨が折れる接待」など。

変化
「へんか」……変わること。「情勢変化」など。
「へんげ」……形が変わって現れること。「七変化」「妖怪変化」など。

仏語
「ぶつご」……仏教関係の言葉。仏の説いた言葉。
「ふつご」……フランス語のこと。仏蘭西（フランス）という当て字の「仏」の字から。

大業
「おおわざ」……派手なワザ。「大業を使う」など。
「たいぎょう」…大きな仕事。「大業をなし遂げる」など。

人間
「にんげん」……ヒトのこと。「人間五十年、下天のうちに〜」など。
「じんかん」……人と人の間。世間のこと。「人間に暮らす」など。

人気
「にんき」……好まれる。評判がいい。「人気者」など。
「ひとけ」……人がいる気配。「人気のない場所」など。「人け」と書くことが増えている。「にんき」と区別するため、

利益
「りえき」……儲け。会社などがあげる利益のこと。
「りやく」……神仏のご利益のこと。「ごりえき」と読まないように。

上手
「じょうず」……巧みなこと。「言葉上手」「上手の手から水が漏れる」。
「うわて」……上手投げの上手。「相手が一枚、上手だ」などとも。
「かみて」……舞台の観客席からみた右側。「役者が上手から現れる」など。

心中
「しんじゅう」……複数の者が自殺する。「一家心中」「無理心中」など。
「しんちゅう」……心のなか。「心中を察する」など。

大家
「たいか」……そのジャンルですぐれた人。「その道の大家」など。
「おおや」……家主。「アパートの大家」など。

能書
「のうがき」……薬などの効能書き。「能書をいう」は自分の得意なことを語ること。
「のうしょ」……文字を巧みに書くこと。「能書家」など。

後生
「ごしょう」……あの世。「後生だから」など。
「こうせい」……あとから生まれてくる者。「後生畏(おそ)るべし」など。

column6　文脈で読み分けられますか？

末期
「まっき」……物事の終わりの時期。「縄文時代の末期」など。
「まつご」……臨終のこと。「末期の水」など。

造作
「ぞうさく」……つくること。「家の造作」など。
「ぞうさ」……手間。「造作がかかる」「造作もない」など。

生物
「せいぶつ」……動植物。「水棲生物」など。
「なまもの」……煮炊きしていない食べ物。「なまもの」「ナマ物」と書くことも多い。

細目
「さいもく」……細かい点。「細目にこだわる」など。
「ほそめ」……細くあけた目。「細目で見る」など。

入会
「にゅうかい」……会に入ること。「入会案内」など。
「いりあい」……山林資源などを共同利用すること。「入会地」「入会権」など。

名代
「みょうだい」……人の代理をつとめる人。「親分の名代で」など。
「なだい」……有名な。「名代の品」など。

263

第14章 サラッと読めれば自慢できるハイレベルの漢字です

いよいよ熟語も上級編。このあたりを読みこなせないと、できる大人とは言えませんぞ!

1 ハイレベルとはいっても読みこなしたい漢字①

●読めますか？ 意味がわかりますか？

□ 惹起
〔じゃっき〕 事件などを引き起こすこと。「国境紛争を惹起する」など。「惹く」で「ひく」と読む。

□ 収斂
〔しゅうれん〕 一つにまとまって収束するという意味。「物事が収斂する」など。「斂」も「収」と同様、「おさめる」という意味がある。

□ 一瞥
〔いちべつ〕 少しだけ見ること。「一瞥する」「一瞥をくれる」など。

264

第14章　サラッと読めれば自慢できるハイレベルの漢字です

- □ 瑕疵
- □ 箴言
- □ 矜持
- □ 韜晦
- □ 無聊
- □ 鞭撻
- □ 滂沱
- □ 桎梏
- □ 翌檜

(かし) 欠点やキズのこと。「法律の瑕疵」など。「瑕」「疵」、訓読みはともに「きず」。

(しんげん) 教訓となる言葉。いましめの短句。「箴言集」など。「箴」には「いましめる」という意味がある。

(きょうじ) 自分の能力などを誇らしく思うこと。「矜持を保つ」など。

(とうかい) 才能や本心を隠すこと。「自己韜晦」など。「韜」にはつつむ、「晦」にはくらますという意味がある。

(ぶりょう) 暇なこと。「無聊をかこつ」「無聊を慰める」など。なお「聊か」で「いささか」と読む。

(べんたつ) 叱咤激励すること。「ご指導、ご鞭撻ください」など。「撻」にも「むちうつ」という意味がある。

(ぼうだ) 涙が大量に出るさま。「滂沱の涙」「滂沱として」など。

(しっこく) 自由を束縛するという意味。「長年の桎梏となる」など。「桎」は「てかせ」、「梏」は「あしかせ」と訓読みする。

(あすなろ) ヒノキと似ている高木。昔、この木は「明日は(より価値の高い)檜になろう」と考えているとされ、この字が当てられた。

● 引き続き上級の熟語です。読んでください。

- □ 遁世　俗世間とかかわりを断つこと。〔とんせい〕
- □ 使嗾　そそのかす。けしかける。「嗾す」で「そそのかす」と読む。〔しそう〕
- □ 逼塞　落ちぶれて引きこもること。〔ひっそく〕
- □ 頤使　人をあごで使う。「頤」はあごのこと。〔いし〕
- □ 投擲　投げる。「投擲競技」など。〔とうてき〕
- □ 泰西　欧米諸国のこと。「泰西名画」など。〔たいせい〕
- □ 真鍮　銅と亜鉛の合金。〔しんちゅう〕
- □ 逍遥　気ままに歩き回ること。散歩。「林を逍遥する」という意味がある。〔しょうよう〕
- □ 頌歌　神や人をほめたたえる歌。「頌」には「たたえる」と読む。〔しょうか〕
- □ 玻璃　ガラスのこと。水晶や仏教の七宝の一つを指すこともある。〔はり〕
- □ 流謫　遠方に流されること。「流謫の身」など。〔るたく〕
- □ 掣肘を加える　脇から干渉し、人の行動を邪魔すること。〔せいちゅう〕
- □ 恐懼　恐れ、かしこまる。「懼れる」で「おそれる」と読む。〔きょうく〕
- □ 藉口する　言い訳する。「藉りる」で「かりる」と読む。〔しゃこう〕
- □ 乖離　結びつきが離れること。「人心が乖離する」など。〔かいり〕

266

❷ ハイレベルとはいっても読みこなしたい漢字②

●読めますか？ 意味がわかりますか？

□ 遠流

〔おんる〕 遠方に流す流罪。律令制時代の流罪のうち、最も重い刑罰で、佐渡、隠岐、土佐などに流すことを指した。

□ 糜爛

〔びらん〕 乱れているさま。「風紀が糜爛する」など。「爛れる」も、「ただれる」と読む。

□ 穿鑿

〔せんさく〕 立ち入って調べること。「穿つ」「鑿つ」も、「うがつ」と読む。「詮索」と同様の意味。

□ 寵児

〔ちょうじ〕 もとは、かわいがられる子供のこと。「時代の寵児」「文壇の寵児」のように比喩的に使うことが多い。「寵み」で「めぐみ」と読む。

□ 奢侈

〔しゃし〕 贅沢するという意味。「奢侈に流れる」など。「奢り」も「侈り」も「おごり」と読む。

- □ 静謐　[せいひつ]　静かな様子。世の中が太平な様子。「静謐の世」など。「謐」にも「しずか」という意味がある。

- □ 倨傲　[きょごう]　おごりたかぶること。「倨傲な態度」「倨傲な精神」など。「傲」、ともに「おごり」と読む。

- □ 趨勢　[すうせい]　全体の流れ。成り行き。「世の趨勢を見極める」など。「趨く」で「おもむく」と読む。

- □ 弾劾　[だんがい]　不正や犯罪を声高に追及すること。「弾劾裁判」「不正を弾劾する」など。

- □ 耽読　[たんどく]　夢中になって書物を読みふける。「推理小説を耽読する」など。「耽る」は「ふける」と読む。

- □ 直截　[ちょくせつ]　きっぱりしている。「直截な表現」など。「ちょくさい」と読む人が多いが、間違った読み方。

- □ 闖入　[ちんにゅう]　無断で入り込むこと。「闖入者」「見知らぬ男が闖入してくる」など。「闖う」で「うかがう」と読む。

- □ 定款　[ていかん]　組織の目的や活動に関する根本的な規則。「会社の定款」「定款変更」など。「款」には「しるす」という意味がある。

第14章　サラッと読めれば自慢できるハイレベルの漢字です

- 咄嗟
- 氾濫
- 砂嘴
- 蝟集
- 睥睨
- 殲滅
- 知悉

〔とっさ〕一瞬。あっという間。「嗟」には「ああ」という間投詞としての訓読みがある。「咄嗟の判断」「咄嗟の場合」など。

〔はんらん〕川の水かさが増し、洪水になる。物事が多く出回る。「中国製品が氾濫している」など。「氾がる」は「ひろがる」、「濫れる」は「みだれる」と読む。

〔さ〕海流によって運ばれた砂が細長く堆積し、鳥の嘴のような形になった地形。日本三景のひとつ、天の橋立はその代表格。

〔いしゅう〕「蝟」一字でハリネズミと読み、その毛のように、物事が寄り集まっていること。

〔へいげい〕にらみつけ、勢いを示す。あるいは、横目で見る。「辺りを睥睨する」など。なお「睥」一字の訓読みは「ながしめ」。

〔せんめつ〕皆殺しにしてほろぼすこと。「殲ぼす」で「ほろぼす」と読み、「皆殺しにする」という意味。「敵を殲滅する」など。

〔ちしつ〕詳しく知る。知り尽くしている。「悉く」で「ことごとく」と読み、すべてを知り尽くしているという意味。

３ ハイレベルとはいっても読みこなしたい漢字③

●読めますか？　意味がわかりますか？

□ 允許　〔いんきょ〕認めて許す。「允す」で「ゆるす」と読み、「承認する」という意味。「免許皆伝を允許する」など。

□ 旱魃　〔かんばつ〕長い間、雨に恵まれず、水が枯れること。「干ばつ」と書くのが一般的。なお「旱」「魃」も訓読みは「ひでり」。

□ 剣戟　〔けんげき〕「剣（つるぎ）」と「戟（ほこ）」などの武器。「剣戟を振るう」など。

□ 浚渫　〔しゅんせつ〕海底や河川の土砂を掘ること。「港内を浚渫する」など。「浚う」「渫う」ともに「さらう」と読む。

□ 招聘　〔しょうへい〕礼儀をつくして人を招くこと。「国賓として招聘する」など。

□ 鼎談　〔ていだん〕三人で話をすること。「鼎」は食べ物を煮る三本足の容器。

270

第14章 サラッと読めれば自慢できるハイレベルの漢字です

- □ 登攀
- □ 転訛
- □ 截断
- □ 怜悧
- □ 狭窄
- □ 蹲踞
- □ 容貌魁偉
- □ 驀進

〔とうはん〕 高い山に登ること。「最高峰に登攀する」など。「攀」には「よじのぼる」という意味がある。

〔てんか〕 言葉の本来の音がなまって変化すること。「訛る」で「なまる」と読む。

〔せつだん〕 物を断ち切る。「裁断」と見間違えないように。「截る」は「きる」、「截つ」は「たつ」と読む。

〔れいり〕 頭の働きがすぐれていること。「怜悧な頭脳」など。「怜い」で「さとい」と読む。

〔きょうさく〕 狭くすぼまっていること。「視野狭窄」など。「窄まる」で「すぼまる」と読む。

〔そんきょ〕 しゃがむこと。「蹲踞の姿勢」は、相撲の力士が深く腰を下ろした姿勢。「蹲る」も「踞る」も、「うずくまる」と読む。

〔ようぼうかいい〕 顔や体つきが人並み外れて大きく、立派なさま。本来は「恐い顔」というニュアンスは含んでいない。

〔ばくしん〕 まっしぐらに進む。「驀地」で「まっしぐら」と読む。「出世街道を驀進する」など。

- □ 紊乱 【びんらん】風紀や秩序が乱れること。「風紀が紊乱する」など。「紊」にも「みだれる」という意味がある。

- □ 劈頭 【へきとう】物事の始まり。「開戦劈頭の大勝利」など。「劈」には、始まりという意味がある。

- □ 俗諺 【ぞくげん】俗世間に流布している「ことわざ」。「諺」一字で「ことわざ」と読む。

- □ 嚆矢 【こうし】物事の初め。「嚆矢となる」など。もとは、鏑矢のことで、古代中国では、合戦の初めに鏑矢を射たことから、「始まり」いう意味が生じた。

- □ 慫慂 【しょうよう】人に勧める。「転職を慫慂される」など。「慂」には「すすめる」という意味がある。

- □ 壟断 【ろうだん】利益や権利を独り占めにすること。「壟」は丘のことで、ある者が丘の上から市場を見回すことよって、利益を独占したという故事から。

- □ 懺悔 【ざんげ】神父などに罪を告白し、悔い改めること。キリスト教関連でよく使うが、もとは仏教語。「懺いる」も「悔いる」と同様、「くいる」と読む。

- □ 稀覯本 【きこうぼん】珍しい本。おおむね、古書として高い値段がつく珍しい本をさす。「覯う」で「あう」と読み、思いがけなく出会うという意味。

第14章 サラッと読めれば自慢できるハイレベルの漢字です

● 引き続き、上級の熟語です。読んでください。

□ **長大息** 長くて大きな溜息。「長大息をつく」など。 ［ちょうたいそく］

□ **弗箱** 収入源となる商品や人。弗は$に似ているところからの当て字。 ［どるばこ］

□ **剽窃** 人の文章を盗みとる。「剽かす」で「おびやかす」と読む。 ［ひょうせつ］

□ **横溢** 水のみなぎるさま。あふれるほど盛んなさま。「元気横溢」など。 ［おういつ］

□ **一掬** わずかな。「一掬の涙」など。「掬う」は「すくう」と読む。 ［いっきく］

□ **売僧** 怪しげな僧を罵る言葉。 ［まいす］

□ **東司** トイレ。禅寺で使われる語。 ［とうす］

□ **邀撃** 迎えうつこと。「邀」には「むかえる」という意味がある。 ［ようげき］

□ **梗概** あらすじのこと。「邀」には「小説の梗概」など。 ［こうがい］

□ **午餐** 昼食のこと。「晩餐」なら夕食、「朝餐」は朝食。 ［ごさん］

□ **書肆** 本屋、書店。「肆」には「みせ」という訓読みがある。 ［しょし］

□ **奸雄** 悪どい英雄。「奸」には、よこしまという意味がある。 ［かんゆう］

□ **反駁** 反対し、論じ返すこと。「反駁を加える」など。 ［はんばく］

□ **高誼** 親しいまじわりのこと。「ご高誼を賜れば幸いです」など。 ［こうぎ］

□ **叩頭する** 頭で地を叩くほど、深々とお辞儀をする。 ［こうとう］

4 ハイレベルとはいっても読みこなしたい漢字④

●読めますか？　意味がわかりますか？

□ 欺瞞　〔ぎまん〕　あざむく。だます。「欺瞞に満ちた言葉」など。

□ 遁辞　〔とんじ〕　言い逃れ、責任逃れの言葉。「遁れる」で「のがれる」と読む。

□ 蠢動　〔しゅんどう〕　虫などがうごめく。陰でこそこそと動く。「反主流派が蠢動している」など。「蠢く」で「うごめく」と読む。

□ 阿諛　〔あゆ〕　お世辞。「阿る」は「おもねる」、「諛う」は「へつらう」と読む。

□ 傀儡　〔かいらい〕　あやつられて動く人などのこと。操り人形。「傀儡政権」など。「くぐつ」とも読む。

□ 放恣　〔ほうし〕　気ままでだらしのないこと。「放恣な姿勢」など。「恣」一字で「ほしいまま」と訓読みする。

第14章　サラッと読めれば自慢できるハイレベルの漢字です

- □ 誤謬
- □ 陥穽
- □ 塵埃
- □ 畢生
- □ 譴責
- □ 諧謔
- □ 仮寓
- □ 料簡
- □ 泥濘

〔ごびゅう〕ミスのこと。「誤謬を正す」など。「謬る」で「あやまる」と読む。熟語によく使われる漢字で、「謬見」「謬説」あたりは読みこなしたい。

〔かんせい〕人を陥れる策略。「陥穽にはまる」など。「穽」の訓読みは「おとしあな」。

〔じんあい〕俗世間。「塵埃にまみれる」「塵埃を逃れる」など。塵は「ちり」、埃は「ちり」あるいは「ほこり」と訓読みする。

〔ひっせい〕一生涯のあいだ。「畢生の大作」「畢生の大事業」など。

〔けんせき〕過失などをとがめ、責めること。「譴める」も「責める」と同様、「せめる」と読む。「譴責を受ける」という受け身の形でよく使われる。

〔かいぎゃく〕ユーモア。どちらの文字にも、おどけるという意味がある。「諧謔に満ちた精神」「諧謔溢れる作品」など。

〔かぐう〕仮の住まい。「親戚の家に仮寓する」など。「寓せる」で「よせる」と読み、この熟語では「身をよせる」という意味で使われている。

〔りょうけん〕考え。「料簡が狭い」など。「簡」をケンと読む珍しい例。

〔でいねい〕ぬかるみのこと。「泥濘に足をとられる」など。「泥濘む」と書くと「ぬかるむ」、「濘る」は「ぬかる」と読む。

- □ 佞言　〔ねいげん〕おべっか。「佞言を使う」など。「佞ねる」で「おもねる」と読む。
- □ 丑三つ時　〔うしみつどき〕午前二時ごろのこと。「草木も眠る丑三つ時」など。
- □ 胚胎　〔はいたい〕物事の結果をひきおこす原因。「胚む」も「胎む」も「はらむ」と読み、多くは悪い結果を招く原因をはらんでいたという意味で使われる。
- □ 瀑布　〔ばくふ〕滝のこと。「瀑」には「たき」という訓読みがあり、滝の白い水流が、まるで一枚の布のように見えるところから。
- □ 蘊奥　〔うんおう〕極意のこと。「蘊奥を究める」など。「蘊」は「奥義」「奥州」など、「おう」と読むことがよくある。
- □ 健勝　〔けんしょう〕元気で健やかなさま。「ご健勝で何よりです」など。
- □ 微恙　〔びよう〕軽い病気。「恙」の訓読みは「恙ない」の「つつが」。それが「微か」ということで、軽い病気という意味に。
- □ 湮滅　〔いんめつ〕あとかたもなく消し去ること。「証拠湮滅」など。
- □ 若水　〔わかみず〕元旦の朝に初めて汲む水。この水を飲んだり、煮炊きに使うと、一年の邪気が除かれるとされてきた。
- □ 誣告　〔ぶこく〕人に罪を負わせるため、事実をまげて告げること。
- □ 不憫に思う　〔ふびん〕哀れむこと。「不憫」とも書く。

5 文章の格調を高める熟語

● できる大人におすすめの言葉ぞろいです。読んでください。

□ 巨星墜つ
〔きょせいおつ〕 偉大な人の死をたとえていう言葉。

□ 耳朶に残る
〔じだ〕 耳に残ること。「耳朶に触れる」は聞こえること。「朶」には垂れるという意味があり、「耳朶」は本来は耳たぶのこと。

□ 赫々たる
〔かっかくたる〕 業績がすばらしく顕著なさま。「赫々たる戦果」など。「赫」には「かがやく」という意味がある。

□ 開闢以来の
〔かいびゃくいらいの〕 物事が始まって以来の。「闢」も「開」と同様、「ひらく」という意味がある。

□ 曙光
〔しょこう〕 夜明けの光。「曙光がさす」は、前途に明るい兆しが見えてくるという意味。「曙」の訓読みは、かつての横綱の名のとおり、「あけぼの」。

- □ 端倪すべからず 〔たんげい〕 はかり知ることができない。「端」の意味は始まりで「倪」（訓読み）は「きわ」）の意味は果て。初めと終わりすらわからないという意味。

- □ 斯界の 〔しかいの〕 その分野の、という意。「斯界の権威」など。「斯」一字で「これ」、「斯の」で「この」と読む。

- □ 殷賑 〔いんしん〕 にぎやかで盛んなさま。「殷賑を極める」など。「殷」は「さかん」と読む。

- □ 畢竟 〔ひっきょう〕 結局という意味。「畢わる」は「おわる」と読み、「竟に」は「ついに」と読む。

- □ 裂帛 〔れっぱく〕 絹を裂くような鋭い音（声）。鋭い掛け声のたとえ→「裂帛の気合」。「帛」一字で「きぬ」と読む。

- □ 寸毫 〔すんごう〕 ごくわずか。「寸毫もなく」「寸毫も揺るがない」など、打ち消しを伴って用いることが多い。「毫」で「すこし」と読む。

- □ 卒爾ながら 〔そつじながら〕 突然ですが、失礼ですが。「卒」には「にわかに」という意味がある。

- □ 陶冶 〔とうや〕 人の性格を円満に育てること。「人格を陶冶する」など。「冶」で「いる」と読む。「治」と見間違えないように。

第14章　サラッと読めれば自慢できるハイレベルの漢字です

□ **謦咳**
（けいがい）咳払いのこと。「謦咳に接する」は、自分よりも目上の人に会うこと。近くで、その人の咳払いを聞くことから。

□ **麾下**
（きか）家来や部下のこと。「麾」には指図するという意味がある。その命令系統に入るので、部下という意味になる。「麾下に入る」など。

□ **烏鷺の争い**
（うろのあらそい）囲碁のこと。「烏」はカラス、「鷺」はサギ。黒い鳥と白い鳥を囲碁の黒白の碁石にたとえた言葉。

□ **三十一文字**
（みそひともじ）短歌のこと。五七五七七を全部足すと、三十一文字になるので。なお「和歌」は本来は短歌を含む歌の総称で、長歌や旋頭歌も入る。

□ **粗肴**
（そこう）人に酒の肴をすすめるときの謙譲語。なお「粗餐（せさん）」は「粗末な食事」→「粗餐を差し上げたいと存じます」など。

□ **弥栄**
（いやさか）ますます栄えるという意。「国の弥栄を祈る」など。

□ **寛恕**
（かんじょ）過失をとがめず、寛い（ひろ）心でゆるすこと。「ご寛恕を乞う（こう）」など。「恕す」で「ゆるす」と読む。

□ **笑覧**
（しょうらん）ご覧になって笑ってくださいと、へりくだって言う言葉。「ご笑覧下されば幸いです」など。

● ハイレベルの動詞です。読んでください。

- □ 湛える　いっぱいになる。「満面に笑みを湛える」など。［たたえる］
- □ 薙ぐ　払い倒す。「草花が薙ぎ倒される」など。［なぐ］
- □ 諾ふ　聞き入れる。「承諾」の「だく」。［うべなう］
- □ 衒う　学識や才能をひけらかす。「奇を衒う」など。［てらう］
- □ 妊る　妊娠する。「子供を妊る」など。［みごもる］
- □ 誂える　注文してこしらえる。「背広を誂える」「お誂え向き」など。［あつらえる］
- □ 希う　強く願う。「希うところです」など。「希」一字は「まれ」。［こいねがう］
- □ 燥ぐ　浮かれ騒ぐこと。「燥く」は「かわく」と読む。［はしゃぐ］
- □ 僻む　ひねくれて考えること。「僻み根性」など。［ひがむ］
- □ 劈く　裂く、破るの意。「耳を劈く」など。［つんざく］
- □ 悴む　手足が冷たくなり、思うように動かなくなる。［かじかむ］
- □ 滾る　水などがはげしく煮えあがる。「滾る情熱」など。［たぎる］
- □ 疼く　ずきずきして痛むこと。「古傷が疼く」「虫歯が疼く」など。［うずく］
- □ 後退る　体を前に向けたまま、後ろに下がる。［あとずさる］
- □ 漫ろ歩く　目的もなく歩きまわる。「漫りに」は「みだりに」と読む。［そぞろあるく］

280

6 「手偏」「足編」「口偏」の厄介な動詞

● 手偏の厄介な動詞です——読めますか？

- □ 挺する　〔ていする〕　差し出す。「身を挺する」など。
- □ 撓う　〔しなう〕　柔らかに曲がる。「竹が撓う」（これが「竹刀」の語源とも）。
- □ 括る　〔くくる〕　一つにまとめる。「腹を括る」「高を括る」など。
- □ 拵える　〔こしらえる〕　物をつくる。「食事を拵える」「仕事を拵える」など。
- □ 捗る　〔はかどる〕　物事が順調にすすむ。「作業が捗る」「工事が捗る」など。
- □ 摑む　〔つかむ〕　手でしっかり持つ。「腕を摑む」「急所を摑む」「コツを摑む」など。
- □ 撫でる　〔なでる〕　手でやさしくさすること。「撫子」は植物のナデシコ。
- □ 擡げる　〔もたげる〕　持ち上がる。「蛇が鎌首を擡げる」「疑念が擡げる」など。

□ 打遣る　〔うっちゃる〕　放り出すこと。「何もかも打遣る」など。

□ 挫く　〔くじく〕　足を捻挫する。勢いをおさえる。「弱きを助け、強きを挫く」など。

□ 掠れる　〔かすれる〕　かすかにふれること。「ボールが掠る」など。ほかに、多義的に用いられ、「声が掠れる」「インクが掠れる」などとも使われる。なお「掠める」は「かすめる」と読み、ものをかすめとること。

●足偏の厄介な動詞です──読めますか？

□ 跪く　〔ひざまずく〕　両膝を床につけてかがみ、敬意や屈服を表す。「膝まずく」と書くのは誤り。

□ 跨ぐ　〔またぐ〕　両足を開き、何かの上を越える。「線路を跨ぐ」「国境を跨ぐ」など。

□ 蹲う　〔つくばう〕　うずくまること。「蹲る」は「うずくまる」と読む。

□ 躙る　〔にじる〕　膝を押しつけるようにして進むこと。「敵に躙り寄る」など。

□ 蹌く　〔よろめく〕　足元がふらふらすること。「蹌踉めく」とも書く。

□ 躓く　〔つまずく〕　書き方の多い言葉で、「跌く」「蹶く」「蹉く」とも書く。

□跼む　〔かがむ〕身を屈すること。普通は「屈む」と書く。

□�踰える　〔こえる〕乗り越えること。「矩(のり)を踰える」など。

□躊う　〔ためらう〕迷うこと。躊躇すること。「躊躇う」とも書く。

●口偏の厄介な動詞です──読めますか？

□啄む　〔ついばむ〕鳥が嘴で物を食べる。「啄木」は「きつつき」のこと。

□喚く　〔わめく〕大声でさわぎたてること。「喚ぶ」は「よぶ」と読む。

□嘯く　〔うそぶく〕大きなことを言う。「将来を嘯く」など。

□囁く　〔ささやく〕ひそひそ話す。「耳元で囁く」「噂を囁く」など。

□呻く　〔うめく〕感嘆したり、苦しさのあまり声を出すこと。「呻吟する」の「呻」。

□唸る　〔うなる〕低い声を長く出すこと。「エンジンが唸る」「〈金銭などが〉唸るほどある」など。

□噛む　〔かむ〕歯で物をくだくこと。咀嚼のシャク。「嚙む」も「咬む」もカむ。

「フ」「ブ」「ズ」をどう読み分ける?

●「不」を「フ」と読むのは慣用読みです。他に、漢文の読み下し文の影響で、「ズ」と読む場合もあります。正しく読み分けてください。

□ 不立文字　〔ふりゅうもんじ〕　禅宗の根本的な考え方。悟りの道は文字や言葉ではなく、心によって会得するものという意味。

□ 不様　〔ぶざま〕　恰好が悪いこと。「無様」とも書く。

□ 不貞腐れる　〔ふてくされる〕　不満を顔に表すさま。

□ 不祝儀　〔ぶしゅうぎ〕　めでたくないこと。おもに「葬儀」のことをいう。「身内に不祝儀があってね」など。

□ 不惜身命　〔ふしゃくしんみょう〕　我が身を惜しまないこと。

□ 不得要領　〔ふとくようりょう〕　要領を得ない。×「ふえようりょう」。

□ 不倶戴天　〔ふぐたいてん〕　倶に天を戴くことができない。「不倶戴天の敵」は、ともに

column7 「フ」「ブ」「ズ」をどう読み分ける？

□ **不如帰** 〔ほととぎす〕鳥の名。鳴き声が「不如帰去」（読みくだすと、帰去するに如かず）と聞こえることから、こう書くようになったという。

□ **不見転** 〔みずてん〕見もしないで、何かをはじめること。「不見転で買いつける」「不見転芸者」など。

□ **不味い** 〔まずい〕味などがよくないこと。

□ **不知火** 〔しらぬい〕海面に広がる火の光。漁船の漁火の光が屈折して、海面に広がって見えたりする。有明海が有名。

※不安、不意、不正、不運、不変、不動、不法、不自由、不経済など、大半の熟語は「フ」と読みます。

「ブ」と読むのは、不格好、不作法、不細工、不調法、不用心など、他の熟語の上について否定の意味をつくる場合。ただし、その場合も、不人情、不用意などは「フ」と読み、ます。なお、「不」が下につく熟語は、ほとんど見かけません。

■参考文献

「広辞苑」／「岩波漢語辞典」(以上、岩波書店)／「日本語大辞典」／「四字熟語成句辞典」／「類語大辞典」／「暮らしのことば語源辞典」(以上、講談社)／「広辞林」(三省堂)／「成語林」(旺文社)／「類語新辞典」(角川書店)／「言葉に関する問答集総集編」文化庁(大蔵省印刷局)／ほか

編者紹介

話題の達人倶楽部
カジュアルな話題から高尚なジャンルまで、あらゆる分野の情報を網羅し、常に話題の中心を追いかける柔軟思考型プロ集団。彼らの提供する話題のクオリティの高さは、業界内外で注目のマトである。
本書では、日本人が長い歴史のなかで作り上げてきた難読漢字、特殊な読み方をする言葉をすべて網羅しました。この一冊で漢字を「読む」「書く」「味わう」力が面白いほど身につく決定版！

日本語の"落とし穴" できる大人の漢字2500

2015年12月5日　第1刷

編　者	話題の達人倶楽部
発行者	小澤源太郎
責任編集	株式会社プライム涌光 電話　編集部　03(3203)2850
発行所	株式会社青春出版社 東京都新宿区若松町12番1号〒162-0056 振替番号　00190-7-98602 電話　営業部　03(3207)1916
印刷・大日本印刷	製本・ナショナル製本

万一、落丁、乱丁がありました節は、お取りかえします
ISBN978-4-413-11150-8 C0081
©Wadai no tatsujin club 2015 Printed in Japan

本書の内容の一部あるいは全部を無断で複写(コピー)することは著作権法上認められている場合を除き、禁じられています。

**話題のベストセラー!
できる大人の大全シリーズ 好評既刊**

できる大人の
モノの言い方
大たいぜん全

話題の達人倶楽部［編］

ほめる、もてなす、
断る、謝る、反論する…
覚えておけば一生使える
秘密のフレーズ事典

**なるほど、
ちょっとした違いで
印象がこうも
変わるのか!**

ISBN978-4-413-11074-7
本体1000円+税